非営利団体における

組織変更の手続と税務

公認会計士・税理士 **岡部 正義** [著]

清文社

はじめに

　非営利団体には、医療法人・学校法人・社会福祉法人・宗教法人・NPO法人（特定非営利活動法人）・一般法人（一般社団法人・一般財団法人）・公益法人（公益社団法人・公益財団法人）・任意団体など、様々な組織形態があります。

　このうち、医療法人・学校法人・社会福祉法人・宗教法人は、医療・学校・社会福祉・宗教と、どのような事業活動を行うのかが明確な法人格といえます。

　他方、NPO法人や公益法人は、それぞれ公益的な活動や事業の実施が求められているものの、その範囲は非常に広く、様々な事業を実施することができます。また、任意団体や一般法人は、基本的に、自由に事業を実施することができます。そのため、任意団体・NPO法人・一般法人・公益法人は、それぞれ組織を変更しても運営可能なケースがあり、実務上、任意団体をNPO法人や一般法人に変更したり、NPO法人や一般法人を公益法人に変更したりすることがあります。

　そこで、本書では、非営利団体の組織変更の実務に資する観点から、非営利団体の組織変更に関して必要となる手続や税務上の論点についてまとめました。

　まず、第1章では非営利団体の組織変更の総論と非営利団体の税務の基礎知識を、第2章では非営利団体の設立・認証・認定の手続を、第3章では非営利団体ごとの運営・会計・税務の特徴を、第4章では具体的な非営利団体の組織変更の実務のポイントをまとめています。解説するにあたっては、内容がイメージできるように、可能な限り図表を用いました。

　なお、本書において使用している「組織変更」という用語は、「非営利団

体の運営主体である組織を別の組織に変更する」という意味で使用しており、会社法における「組織変更」のように、厳密な法律用語として使用している訳ではない点を念のため申し添えます。また、本書における判断・意見に該当する箇所は、私見であることを申し添えます。

　本書が組織変更を検討されている非営利団体の皆様、非営利団体に関与される公認会計士・税理士の先生方の実務の一助になれば幸いです。

　令和3年3月

公認会計士・税理士　岡部　正義

CONTENTS

第1章

非営利団体の組織変更と共通する税務論点

第2章

非営利団体の
設立・認証・認定の手続

8 | 譲渡所得の非課税措置とは ——— 69

第3章

非営利団体の運営・会計・税務

1 | 任意団体の運営・会計・税務 ——— 75

4 公益法人の運営・会計・税務 —— 117

第4章

非営利団体の組織変更の実務

1 │ 任意団体のNPO法人化 —————— 129

※本書の内容は、令和3年3月1日現在の法令等によっています。

凡　例

本書では、法令等について次の略称を使用しています。

略　称	正式名
一般法	一般社団法人及び一般財団法人に関する法律
一般法施行規則	一般社団法人及び一般財団法人に関する法律施行規則
整備法	一般社団法人及び一般財団法人に関する法律及び公益社団法人及び公益財団法人の認定等に関する法律の施行に伴う関係法律の整備等に関する法律
認定法	公益社団法人及び公益財団法人の認定等に関する法律
認定法施行令	公益社団法人及び公益財団法人の認定等に関する法律施行令
認定法施行規則	公益社団法人及び公益財団法人の認定等に関する法律施行規則
NPO法	特定非営利活動促進法
NPO法施行規則	特定非営利活動促進法施行規則
ガイドライン	公益認定等に関する運用について（公益認定等ガイドライン）内閣府公益認定等委員会
定款留意事項	移行認定又は移行認可の申請に当たって定款の変更の案を作成するに際し特に留意すべき事項について　内閣府公益認定等委員会
FAQ	新たな公益法人制度への移行等に関するよくある質問　内閣府
法法	法人税法
法令	法人税法施行令
法規	法人税法施行規則
法基通	法人税基本通達
消法	消費税法
消令	消費税法施行令
所法	所得税法
相法	相続税法
相令	相続税法施行令
相基通	相続税法基本通達
措法	租税特別措置法

非営利団体の組織変更と
共通する税務論点

　第1章では、まず、非営利団体の組織変更に関する全体像を確認し、その上で非営利団体に共通する税務論点を確認します。

　非営利団体には多くの共通する税務論点があります。非営利団体の組織変更を検討するにあたっては、税務上の取扱いの違いを比較検討することになりますが、その違いを理解する上でも、まずは、非営利団体に共通する税務論点を確認しておくことが重要です。

1 | 非営利団体の組織変更

1 非営利団体の組織変更とその手続

　任意団体・NPO法人・一般法人・公益法人は、幅広く様々な事業を実施することが可能であるため、それぞれ組織を変更しても運営可能なケースがあります。任意団体・NPO法人・一般法人・公益法人のそれぞれの組織を変更する場合の手続は、次のとおりです。

【組織変更と手続】

変更前	変更後	手　続
任意団体	NPO法人	NPO法人設立申請 ＋任意団体解散・清算
任意団体	一般法人	一般法人設立 ＋任意団体解散・清算
任意団体	公益法人	一般法人設立＋公益認定申請 ＋任意団体解散・清算
NPO法人	特例認定NPO法人	特例認定申請
NPO法人	認定NPO法人	認定申請
NPO法人	一般法人	一般法人設立 ＋NPO法人解散・清算
NPO法人	公益法人	一般法人設立＋公益認定申請 ＋NPO法人解散・清算
一般法人	公益法人	公益認定申請
公益法人	一般法人	公益認定取消し申請

　組織を変更するに当たり、別の法人格になる場合は、新しく受け皿となる法人格の設立と既存の団体の解散・清算の手続がそれぞれ必要となります。他方、NPO法人が認定NPO法人となる場合や、一般法人が公益法人となる場合のように、既存の法人格の延長線上において組織が変わる場

合は、新規設立・既存団体の解散・清算の手続ではなく、所轄庁・行政庁への申請手続となります。

2 組織変更するか否かの判断

　組織変更するか否かを検討するにあたっては、変更前の組織と変更後の組織のメリット・デメリットを比較検討します。一般的に、任意団体や一般法人は、自由な運営が可能な反面、税制上の優遇措置はそれほど多くありません。他方、公益法人は、税制上の優遇措置が多く認められている反面、運営上の制約が多くなります。

【非営利団体の一般的な特徴とメリット・デメリット】

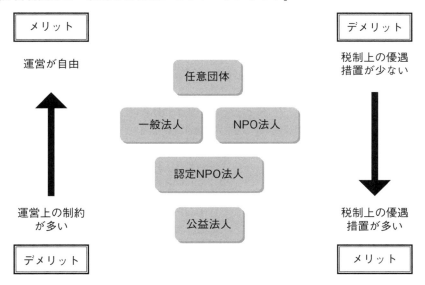

　なお、一般的なメリット・デメリットが個別のケースに必ずしも当てはまるとは限りません。たとえば、税制上の優遇措置が認められていたとしても、優遇措置を適用するような状況が想定されない団体にとっては、メリットにはなりえません。また、運営上の制約に関して、ある団体にとっ

ては運営上の大きな支障になるケースもあれば、ある団体にとってはまったく問題にならないようなケースもあります。そのため、運営上の制約がその団体にとってデメリットになるか否かもケースバイケースです。

　そのため、非営利団体を組織変更するか否かは、一般的なメリット・デメリットで比較検討するのではなく、個別具体的に比較検討することが重要となります。具体的には第4章で詳しく解説します。

2 | 非営利団体に共通する税務論点

　任意団体・NPO法人・一般法人・公益法人の税務においては、多くの共通する税務論点があります。非営利団体の組織の変更を検討するにあたっては、どの部分が共通する論点なのかを把握しておくことが重要となります。そのため、ここでは、法人税・消費税・寄附税制に関する共通する論点について解説します。

1 法人税の共通論点

（1）課税所得の範囲

　株式会社のような営利法人は、すべての事業に課税される全所得課税となりますが、非営利団体については、基本的に、法人税法上の収益事業のみに課税される収益事業課税となります。

　なお、一般法人は、法人税法上、非営利型法人と非営利型法人以外の法人に分かれます。非営利型法人の一般法人は、他の非営利団体と同様、収益事業課税となりますが、非営利型法人以外の一般法人は、全所得課税となります。

【法人区分と課税所得の範囲】

法人区分	課税所得の範囲
株式会社	全所得課税
任意団体	収益事業課税
NPO法人・認定NPO法人	収益事業課税
一般法人（非営利型法人以外の法人）	全所得課税
一般法人（非営利型法人）	収益事業課税
公益法人	収益事業課税

（2）法人税法上の収益事業

　法人税法上の収益事業とは、「販売業、製造業その他の政令で定める事業で、継続して事業場を設けて行われるもの」をいいます（法法2十三）。「販売業、製造業その他の政令で定める事業」は、次の34事業のことをいいます（法令5①）。

【法人税法上の収益事業となる34の事業】

1　物品販売業	13　写真業	24　理容業
2　不動産販売業	14　席貸業	25　美容業
3　金銭貸付業	15　旅館業	26　興行業
4　物品貸付業	16　料理店業その他の飲食店業	27　遊技所業
5　不動産貸付業		28　遊覧所業
6　製造業	17　周旋業	29　医療保健業
7　通信業	18　代理業	30　技芸教授業
8　運送業	19　仲立業	31　駐車場業
9　倉庫業	20　問屋業	32　信用保証業
10　請負業	21　鉱業	33　無体財産権の提供等を行う事業
11　印刷業	22　土石採取業	
12　出版業	23　浴場業	34　労働者派遣業

　法人税法上の収益事業は、上記のとおり限定列挙された事業です。そのため、仮に利益を上げているような事業であっても、法人税法上の収益事業に該当しない限り、法人税の課税所得の範囲には含まれません。

　非営利団体が行う事業に関しては、すべての事業が課税所得の範囲に含まれるとは限らない点に留意が必要です。

2 消費税の共通論点

（1）非営利団体の消費税計算の特徴

　任意団体・NPO法人・一般法人・公益法人は、株式会社等に比べて寄附金収入や会費収入、補助金収入等の対価性のない収入を受けるケースが多いといえます。このような対価性のない収入を財源として行った課税仕入れについては、課税売上のコストを構成しない最終消費的な性格を持つと考えられ、仕入控除税額から除外する必要があります。このような仕入控除税額の調整が必要となる対価性のない収入のことを特定収入といいます。入会金収入・会費収入・配当収入・寄附金収入・負担金収入・補助金収入（人件費補助金等、課税仕入れに影響を与えない補助金を除く。）は、特定収入の代表例といえます。

　任意団体・NPO法人・一般法人・公益法人においては、このような特定収入が一定割合以上の場合、一般課税における仕入控除税額の計算上、調整計算を行う必要があります。

（2）特定収入に係る仕入税額控除の調整計算

　一般課税においては、まず、特定収入割合を計算します。

【特定収入割合】

$$\frac{特定収入}{課税売上（税抜）＋免税売上＋非課税売上＋国外売上＋特定収入}$$

　そして、特定収入割合が5％超の場合、仕入税額控除の調整計算が必要になります。

【仕入税額控除の調整計算】

仕入控除税額	=	調整前仕入控除税額 （通常の仕入控除税額）	−	特定収入に係る課税 仕入れ等の税額

【特定収入に係る課税仕入れ等の税額】
○課税売上5億円以下かつ課税売上割合95％以上の場合

特定収入に係る課税仕入れ等の税額	=	課税仕入れ等に係る特定収入に係る税額	＋	使途不特定の特定収入に係る税額 （調整前仕入控除税額−課税仕入れ等に係る特定収入に係る税額） ×調整割合

　まず、特定収入に係る課税仕入れ等を調整するにあたっては、補助金の交付要綱等によって課税仕入れ等に使途が明確になっている税額を計算します。

　次に、寄附金収入や入会金収入、会費収入等、課税仕入れ等との対応関係が明確でない特定収入に係る税額を計算します（使途不特定の特定収入に係る税額）。課税仕入れ等との対応関係が明確でない使途不特定の特定収入に関しては、調整割合を乗じることでその税額を算定します。

【調整割合（消令75④一ロ）】

$$\frac{使途不特定の特定収入}{課税売上（税抜）＋免税売上＋非課税売上＋国外売上＋使途不特定の特定収入}$$

　なお、特定収入割合や調整割合の計算上は、課税売上割合の計算における消費税法施行令第48条第2項から第6項のような特例規定はありません。課税売上割合の計算のように、有価証券の譲渡対価の5％相当を非課税売上とするような調整は行わない点に留意が必要です。

3 　寄附税制に関する共通論点

　非営利団体は、寄附を受けることがよくあります。寄附を受けるにあたっては、寄附を受ける非営利団体側の税務と、寄附をする側の税務の両方に留意する必要があります。

（1）寄附を受ける非営利団体側の税務
　寄附を受ける非営利団体側の税務においては、法人税、消費税、相続税・贈与税を考えます。

① 法人税
　寄附は収益事業以外の収入に該当します。そのため、収益事業課税に該当する非営利団体の場合、寄附は非課税となります。

② 消費税
　寄附は不課税取引であるため、消費税が課税されることはありません。なお、金銭による寄附収入については、公益法人における例外規定を除き、特定収入となります。公益法人における例外規定に関しては「第2章 7 **2**（1）特定収入から除外するための要件」をご参照ください。

③ 相続税・贈与税
　任意団体や一般法人等は、株式会社と違って持分の定めがありません。そのため、そのような団体・法人は持分の定めがない性格を利用することで相続税・贈与税の租税回避を図る可能性があります。そのような租税回避行為を防止する観点から、相続税法においては団体・法人に対して相続税・贈与税を課税する仕組みが設けられています（相法66）。
　当該課税の範囲は、任意団体や一般法人のみならず、NPO法人や公益法人にも及びますが、租税回避防止のための規定であるため、NPO法人

や公益法人に実際に適用されるケースは少ないと思われます。

　なお、当該規定は、相続税・贈与税の租税回避防止のための規定であるため、財産の多寡等からみて社会一般における寄附と同程度のものと認められるものについては適用されません（持分の定めのない法人に対する贈与税の取扱い18）。

　また、当該相続税・贈与税の租税回避防止規定は、個人からの贈与・遺贈に対するものです。そのため、任意団体や法人からの寄附については、当該規定が適用されることはありません（相法21の3①一、相基通21の3－2）。そのため、組織変更に際して、解散した任意団体やNPO法人から、受け皿となる法人が残余財産の分配を受けたとしても、当該残余財産の分配に対して贈与税が課税されることはありません。

（2）寄附する側の税務

　寄附する側の税務においては、法人と個人に分けて考えます。

① 法人の場合

a．法人税

　寄附金は、全額損金算入されるわけではなく、寄附金の損金算入限度額内で損金算入されます。任意団体や一般法人、NPO法人に対する寄附は、一般の寄附金となり、一般の寄附金の損金算入限度額内で損金算入されます。

　他方、特例認定NPO法人や認定NPO法人、公益法人に対する寄附金に関しては、一般寄附金の損金算入限度額とは別枠で特定公益増進法人等に対する寄附金の特別損金算入限度額が設けられています。

【普通法人（資本又は出資を有するもの）における寄附金の損金算入限度額計算】

寄附金の種類	損金算入限度額
一般寄附金	（所得金額×2.5％＋資本金等の額×0.25％）×25％
特定公益増進法人に対する寄附金	一般寄附金の損金算入限度額とは別枠でさらに特定公益増進法人に対する損金算入限度額が認められています。 （所得金額×6.25％＋資本金等の額×0.375％）×50％

b．消費税

寄附は課税対象外取引であるため、仕入税額控除の対象とはなりません。

② 個人の場合

a．所得控除と税額控除

個人が一定の法人に寄附した場合、所得税の計算上、寄附した金額を控除できる規定があります。控除には、所得金額から控除する所得控除と所得税額から控除する税額控除があります。

【所得控除と税額控除】

控　　除	計　　算	適用可能な法人
所得控除	（寄附額－2千円）を所得金額から控除	特例認定NPO法人 認定NPO法人 公益法人
税額控除	（寄附額－2千円）×40％を税額から控除	特例認定NPO法人 認定NPO法人 税額控除適用対象の公益法人

※寄附額は、総所得金額等の40％相当額が限度です。
※税額控除額は、所得税額の25％が限度です。

b．譲渡所得の非課税措置

寄附に関しては、金銭の寄附以外に不動産や有価証券等、現物による寄附もあります。このような現物の寄附に関しては、含み益のある財産か否かが重要となります。なぜなら、含み益のある財産を寄附した場合、時価により譲渡があったものとみなされて、含み益に対して所得税が課税されてしまうからです（所法59①一）。これをみなし譲渡所得課税といいます。みなし譲渡所得課税がされると、何ら資金の流入がないにも関わらず、含み益に対する税負担が発生してしまいます。

ただし、一定の要件を満たすものとして国税庁長官の承認を受けたときは、みなし譲渡所得を非課税とする制度が設けられています（措法40①）。

譲渡所得の非課税措置の対象となる法人は、次のとおりです。

【譲渡所得の非課税措置の対象となる法人】

法人区分	譲渡所得の非課税措置 （一般特例）	譲渡所得の非課税措置 （承認特例）
任意団体	対象とはなりません。	対象とはなりません。
一般法人 （非営利型法人以外の法人）		
一般法人 （共益的活動目的の非営利型法人）		
一般法人 （非営利性徹底の非営利型法人）	一定の要件を満たせば適用できます。	一定の要件を満たせば適用できます。
NPO法人		
特例認定NPO法人		
認定NPO法人		
公益法人		

※譲渡所得の非課税措置には、一般特例と承認特例があります。詳しくは、「第2章8 譲渡所得の非課税措置とは」をご参照ください。

c．相続税の非課税措置

　相続人が相続財産を寄附するような場合、通常であれば相続財産に相続税が課税され、相続税を負担した上で財産を寄附することになります。しかし、認定NPO法人や公益法人に対して相続財産を寄附すれば、当該相続財産を非課税とすることができます（措法70）。

【相続税の非課税措置の対象となる法人】

法人区分	相続税の非課税措置の対象
任意団体	対象とはなりません。
一般法人 （非営利型法人以外の法人）	
一般法人 （非営利型法人）	
NPO法人	
特例認定NPO法人	
認定NPO法人	対象となります。なお、適用にあたっては、相続税・贈与税の不当減少に該当しない、財産を公益事業の用に供している等の一定の要件があります。
公益法人	

仮に、含み益がある財産を相続し、当該相続財産を法人に寄附した場合、通常であれば、相続財産に対する相続税、財産のみなし譲渡所得課税が発生します。しかし、相続税の非課税措置及び譲渡所得の非課税措置を受けた上で、認定 NPO 法人や公益法人に対して相続財産を寄附した場合、相続税及び譲渡所得を非課税とした上で、さらに所得税の寄附金控除も適用することができます。

【公益法人や認定 NPO 法人へ相続財産を寄附した場合の課税関係】

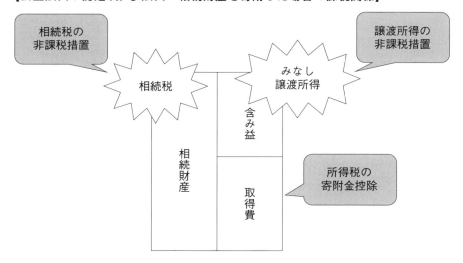

非営利団体の
設立・認証・認定の手続

第2章では、設立・認証・認定に関する手続を確認します。

一般法人の設立の場合、公証役場における定款認証となりますが、NPO法人の場合は、公証役場ではなく、所轄庁による認証となり、手続が異なります。また、NPO法人が認定NPO法人となる場合や、一般法人が公益法人となる場合は、設立ではなく、行政による認定という手続になります。

公益法人は、税制上の優遇措置が多く認められていますが、公益法人の中でも、税額控除対象法人など、さらなる優遇措置が認められるケースがあります。そのため、さらなる優遇措置を受けるための要件・手続についても確認していきます。

1 NPO 法人の設立

1 NPO 法人の設立の流れ

　NPO 法人の設立は、所轄庁の認証を受けて行う必要があります。NPO 法人の設立手続の流れは、次のとおりです。

【NPO 法人の設立の流れ】

1	設立時社員による定款作成（附則に設立時役員を記載します。）
2	所轄庁に対して、NPO 法人の設立の認証申請
3	申請書の公衆の縦覧期間
4	所轄庁による設立認証の審査、認証
5	設立登記

2 NPO 法人の定款

　定款は、法人にとっての基本的なルールを定めたものであり、非常に重要なものです。NPO 法人の定款においては、最低でも次の内容を定めておく必要があります。

【NPO 法人の定款の絶対的記載事項（NPO 法11）】

1	目　　的
2	名　　称
3	その行う特定非営利活動の種類及び当該特定非営利活動に係る事業の種類
4	主たる事務所及びその他の事務所の所在地
5	社員の資格の得喪に関する事項
6	役員に関する事項
7	会議に関する事項

8	資産に関する事項
9	会計に関する事項
10	事業年度
11	その他の事業を行う場合には、その種類その他当該その他の事業に関する事項
12	解散に関する事項
13	定款の変更に関する事項
14	公告の方法
15	設立当初の役員

3 NPO法人の機関設計と必要な人数

　NPO法人の機関設計は、社員総会、理事、監事です。理事は3名以上、監事は1名以上設置することが求められていますが（NPO法15）、理事会を設定するか否かに関して、法律上の規定は特にありません。そのため、NPO法人の理事会は、定款で定める任意の機関としての位置づけとなります。

【NPO法人の機関の例】

機　関	内　　容
社員総会	社員から構成される最高意思決定機関
理　事	法人運営を行う役員
理事会	理事から構成される法人運営の意思決定機関
監　事	理事の業務執行や財産の状況を監査する役員

　NPO法人の社員は、設立時に最低でも10名必要とされています（NPO法10①三）。また、理事については最低3名以上、監事については最低1名以上必要です（NPO法15）。

　理事と監事をそれぞれ兼職することはできませんが（NPO法19）、設立時社員が理事や監事になることは問題ないため、NPO法人を設立するためには、最低でも10名は必要といえます。

4　NPO法人の認証の基準

　NPO法人は、株式会社や一般法人と異なり、公証役場において定款認証を受けるのではなく、所轄庁において認証を受けます（NPO法10①）。NPO法人の認証を受けるためには、次の基準に適合する必要があります（NPO法2②、12①）。

【NPO法人となるための基準】

1	特定非営利活動を行うことを主たる目的とすること（NPO法2②）。
2	営利を目的としないものであること（NPO法2②一）。
3	社員の資格の得喪に関して、不当な条件を付さないこと（NPO法2②一イ）。
4	役員のうち報酬を受ける者の数が、役員総数の3分の1以下であること（NPO法2②一ロ）。
5	宗教活動や政治活動を主たる目的とするものでないこと（NPO法2②二イ・ロ）。
6	特定の公職者（候補者を含む。）又は政党を推薦、支持、反対することを目的とするものでないこと（NPO法2②二ハ）。
7	暴力団、暴力団又はその構成員若しくはその構成員でなくなった日から5年を経過しない者の統制下にある団体でないこと（NPO法12①三）。
8	10人以上の社員を有するものであること（NPO法12①四）。

　NPO法人の要件のうち、最も重要となる特定非営利活動とは、具体的には、次に掲げられた20の活動をいいます。

【特定非営利活動（NPO法 別表）】

1	保健、医療又は福祉の増進を図る活動
2	社会教育の推進を図る活動
3	まちづくりの推進を図る活動
4	観光の振興を図る活動
5	農山漁村又は中山間地域の振興を図る活動
6	学術、文化、芸術又はスポーツの振興を図る活動
7	環境の保全を図る活動
8	災害救援活動

9	地域安全活動
10	人権の擁護又は平和の推進を図る活動
11	国際協力の活動
12	男女共同参画社会の形成の促進を図る活動
13	子どもの健全育成を図る活動
14	情報化社会の発展を図る活動
15	科学技術の振興を図る活動
16	経済活動の活性化を図る活動
17	職業能力の開発又は雇用機会の拡充を支援する活動
18	消費者の保護を図る活動
19	前各号に掲げる活動を行う団体の運営又は活動に関する連絡、助言又は援助の活動
20	前各号に掲げる活動に準ずる活動として都道府県又は指定都市の条例で定める活動

　特定非営利活動を行うことが主たる目的か否かの判断基準に関して、法律上明記された基準はありませんが、所轄庁における運用上の判断基準として、次のような基準が設けられている場合があります。

【運用上の判断基準の例（東京都）】

1	特定非営利活動に係る事業の事業費が、特定非営利活動に係る総支出額（事業費と管理費との合計）の2分の1以上であること。
2	特定非営利活動に係る事業の事業費が、その他の事業の事業費より大きいこと。
3	特定非営利活動に係る事業の総支出額が、その他の事業を含めた総支出額の2分の1以上であること。
4	管理費の総支出額に占める割合が、2分の1以下であること。

5　NPO法人の設立費用

　NPO法人の設立に関しては、公証役場で定款認証を行うわけではないため、定款認証手数料がかからず、また、設立登記の際の登録免許税もかかりません。

6　NPO法人設立までの期間

　NPO法人を設立するにあたっては、申請書を所轄庁に提出し、設立の認証を受ける必要があります（NPO法10①）。提出された書類の一部は、受理した日から1ヵ月間、公衆の縦覧に供されることになります（NPO法10②）。

　所轄庁は、正当な理由がない限り、公衆の縦覧期間を経過した日から2ヵ月以内（所轄庁の条例で縦覧期間を経過した日から2ヵ月より短い期間を定めた時は、その期間内）に認証又は不認証の決定を行います（NPO法12②）。設立の認証後、登記することにより法人として成立することになります（NPO法13①）。

　なお、令和2年12月の法律改正により、令和3年6月9日以後の申請からは、公衆の縦覧期間が1ヵ月から2週間に短縮されます。

2 | 一般社団法人の設立

1 一般社団法人の設立の流れ

　一般社団法人の設立は、許認可主義ではないため、法律上の要件さえ整えれば、誰でも簡単に設立することが可能です。一般社団法人の設立手続の流れは、次のとおりです。

【一般社団法人の設立の流れ】

1	設立時社員による定款作成
2	公証役場における定款認証
3	設立時役員の選任、代表理事の選定（理事会設置法人の場合）
4	設立時役員による設立手続の調査
5	設立登記

2 一般社団法人の定款

　定款は、法人にとっての基本的なルールを定めたものであり、非常に重要なものです。一般社団法人の定款においては、最低でも次の内容を定めておく必要があります。

【一般社団法人の定款の絶対的記載事項（一般法11）】

1	目　　的
2	名　　称
3	主たる事務所の所在地
4	設立時社員の氏名又は名称及び住所
5	社員の資格の得喪に関する規定
6	公告方法
7	事業年度

　なお、法人税法上の非営利型法人を選択する場合は、定款上の記載要件があるため、留意が必要です。非営利型法人の要件については、「**第3章 3 5（1）一般法人の法人税**」をご参照ください。

3　一般社団法人の機関設計と必要な人数

　一般社団法人の機関は次のとおりです。

【一般社団法人の機関】

機　関	内　容
社員総会	社員から構成される最高意思決定機関
理　事	法人運営を行う役員
理事会	理事から構成される法人運営の意思決定機関
監　事	理事の職務執行や決算を監査する役員
会計監査人	会計監査を行う公認会計士・監査法人

　最高意思決定機関である社員総会と法人運営を行う役員である理事の設置は必須ですが、それ以外の機関の設置はケースバイケースとなります。機関設計のパターンは5つあります。

【一般社団法人の機関設計のパターン】

1	社員総会＋理事
2	社員総会＋理事＋監事
3	社員総会＋理事＋監事＋会計監査人
4	社員総会＋理事＋理事会＋監事
5	社員総会＋理事＋理事会＋監事＋会計監査人

　一般社団法人○○協会のように世間一般でよく見られるような一般社団法人は、前表4の理事会設置型を選択しているケースが多いと思われます。なお、会計監査人の設置が必要となるのは、負債200億円以上の法人

と限定されています（一般法2二、62）。負債200億円以上でなくても任意に設置することは可能ですが、任意に設置している法人は少ないと思われます。

　他方、最もシンプルな一般社団法人の機関設計は、前表の1です。前表1の場合、社員総会の社員は最低2名、理事は最低1名であり、社員と理事を兼ねることは問題ないため、最低2名で一般社団法人の設立が可能となります。

4　一般社団法人の設立費用

　一般社団法人を設立するにあたっては、定款認証手数料が5万円、設立時の登録免許税が6万円かかり、最低でも約11万円の費用がかかります。
　そのほか、印鑑登録するための実印を作成する費用もかかります。

【一般社団法人設立時の費用】

内　容	金　額
設立時社員・代表理事の印鑑証明書	数百円
定款認証時の認証手数料	5万円
定款認証時の謄本手数料	数千円
設立登記申請時の登録免許税	6万円
費用額	約11万円

5　一般社団法人設立までの期間

　公証役場における定款認証ですが、事前に定款案の相談をしていれば、すぐに定款認証を受けることが可能です。そのため、事前の定款案の準備や設立登記関係書類の準備さえ順調に整えば、最短10日程度で法人設立をすることも可能です。

3 | 一般財団法人の設立

1 一般財団法人の設立の流れ

　一般財団法人の設立は、許認可主義ではないため、法律上の要件さえ整えれば、誰でも簡単に設立することが可能です。一般財団法人の設立手続の流れは、次のとおりです。

【一般財団法人の設立の流れ】

1	設立者による定款作成
2	公証役場における定款認証
3	設立者による財産の拠出（最低300万円）
4	設立時理事・監事・評議員の選任、代表理事の選定
5	設立時理事・監事による設立手続の調査
6	設立登記

2 一般財団法人の定款

　定款は、法人にとっての基本的なルールを定めたものであり、非常に重要なものです。一般財団法人の定款においては、最低でも次の内容を定めておく必要があります。

【一般財団法人の定款の絶対的記載事項（一般法153）】

1	目　的
2	名　称
3	主たる事務所の所在地
4	設立者の氏名又は名称及び住所
5	設立に際して設立者が拠出をする財産及びその価額

6	設立時評議員、設立時理事及び設立時監事の選任に関する事項
7	設立しようとする一般財団法人が会計監査人設置一般財団法人であるときは、設立時会計監査人の選任に関する事項
8	評議員の選任及び解任の方法
9	公告方法
10	事業年度

　なお、法人税法上の非営利型法人を選択する場合は、定款上の記載要件があるため、留意が必要です。非営利型法人の要件については、「第3章 3 **5**（1）一般法人の法人税」をご参照ください。

3　一般財団法人の機関設計と必要な人数

　一般財団法人の機関は次のとおりです。

【一般財団法人の機関】

機　関	内　容
評議員	最高意思決定機関である評議員会の構成員
評議員会	評議員から構成される財団法人の最高意思決定機関
理　事	法人運営を行う役員
理事会	理事から構成される法人運営の意思決定機関
監　事	理事の職務執行や決算を監査する役員
会計監査人	会計監査を行う公認会計士・監査法人

　一般財団法人の機関設計は、会計監査人を設置しているか否かの2パターンしかありません。

【一般財団法人の機関設計のパターン】

1	評議員＋評議員会＋理事＋理事会＋監事
2	評議員＋評議員会＋理事＋理事会＋監事＋会計監査人

　会計監査人の設置が必要となるのは、負債200億円以上の法人と限定されています（一般法2三、171）。負債200億円以上でなくても任意に設置することは可能ですが、任意に設置している法人は少ないと思われます。そのため、一般財団法人としては、前表1のパターンが多いと思われます。

　評議員は最低3名、理事は最低3名、監事は最低1名必要であり、それぞれを兼職することができないため、一般財団法人を設立するためには、最低7名は必要となります。

4　一般財団法人の設立費用と財産拠出

　一般財団法人を設立するにあたっては、定款認証手数料が5万円、設立登記時の登録免許税が6万円かかります。

　また、最低でも300万円の財産の拠出が必要となるため、一般財団法人を設立するためには、設立費用のほか、最低でも300万円の財産が必要となります。

　そのほか、印鑑登録するための実印を作成する費用もかかります。

【一般財団法人設立時の必要最低額】

内　容	金　額
設立者・代表理事の印鑑証明書	数百円
定款認証時の認証手数料	5万円
定款認証時の謄本手数料	数千円
設立登記申請時の登録免許税	6万円
費用額	約11万円
財産の拠出（最低300万円）	300万円
必要最低額	約311万円

5 一般財団法人設立までの期間

　公証役場における定款認証ですが、事前に定款案の相談をしていれば、すぐに定款認証を受けることが可能です。そのため、事前の定款案の準備、財産の拠出準備、設立登記関係書類の準備さえ順調に整えば、最短10日程度で法人設立をすることも可能です。

4 | 認定NPO法人となるためには

1 認定NPO法人と特例認定NPO法人の制度

　NPO法人の制度においては、税制優遇を受けるための認定制度があります。認定については、NPO法人が認定申請を行うことにより受けられるものであり、いきなり認定NPO法人を設立することはできません。そのため、認定NPO法人となるためには、まず、NPO法人を設立する必要があります。

　認定制度には、認定NPO法人と特例認定NPO法人の2つがあります。

　認定NPO法人となるためには、パブリックサポートテスト（P31参照）の要件が求められています。認定NPO法人の有効期間は5年と長く、税制優遇も個人の寄附金控除と法人の損金算入限度額の拡大のほか、相続税の非課税措置や、法人税のみなし寄附金も適用することができます。また、認定NPO法人の制度は更新が可能であるため、引き続き認定を受けたい場合は、有効期間が切れる6ヵ月前から3ヵ月前までの間に更新申請を行う必要があります。

　他方、特例認定NPO法人は、設立後5年以内の法人が申請可能な制度であり、認定に際してパブリックサポートテストの要件が求められていません。その代わりに有効期間が3年と短く、税制優遇も個人の寄附金控除と法人の損金算入限度額の拡大しか認められていません。また、特例認定NPO法人は1回限り認められる制度であるため、引き続き認定を受けたい場合は、認定NPO法人の制度を利用する必要があります。

【認定 NPO 法人と特例認定 NPO 法人】

	認定 NPO 法人	特例認定 NPO 法人
申請可能な法人	申請日を含む事業年度開始の日において、設立後1年を超える期間が経過していること。	・申請日を含む事業年度開始の日において、設立後1年を超える期間が経過していること。 ・申請日の前日において法人設立から5年を経過しない法人であること。 ・認定又は特例認定を受けたことがないこと。
認定要件	パブリックサポートテスト	
	共益的な活動割合	共益的な活動割合
	適切な運営組織・経理	適切な運営組織・経理
	適正な事業活動	適正な事業活動
	適切な情報開示	適切な情報開示
	事業報告書の提出	事業報告書の提出
	法令違反・不正行為の有無	法令違反・不正行為の有無
	設立から1年経過	設立から1年経過
	欠格事由に該当しない。	欠格事由に該当しない。
有効期間	認定の日から5年間	特例認定の日から3年間
更新	有効期間が切れる6ヵ月前から3ヵ月前までの間に更新申請を行う。	1回限りのため更新できない。
税制優遇	個人の寄附金控除	個人の寄附金控除
	法人の寄附金の損金算入限度額の拡大	法人の寄附金の損金算入限度額の拡大
	相続税の非課税措置	
	法人税のみなし寄附金	

2 実績判定期間について

　実績判定期間とは、認定要件を満たしているか否かを判定するための期間をいいます。

【実績判定期間】

法　人	実績判定期間
特例認定を受けようとする法人	直前に終了した事業年度の末日以前2年内に終了した各事業年度のうち最も早い事業年度の初日から当該末日までの期間
過去に認定を受けたことがない法人	
上記以外の法人	直前に終了した事業年度の末日以前5年内に終了した各事業年度のうち最も早い事業年度の初日から当該末日までの期間

　基本的には、直近2事業年度又は直近5事業年度で判定することになります。

3　認定NPO法人となるための要件（パブリックサポートテスト）

　認定NPO法人となるためには、広く市民から支援を受けているかどうかが判断基準となり、当該判断基準のことをパブリックサポートテストと呼びます。パブリックサポートテストには3つの基準があり、いずれかの基準を満たす必要があります。

【パブリックサポートテスト（いずれかを満たす必要がある）】

基　準	内　容
相対値基準	経常収入に占める寄附金の割合が20%以上であること。
絶対値基準	年3,000円以上の寄附者の数が年平均100人以上であること。
条例個別指定	都道府県又は市区町村の条例により個別に指定を受けていること。

（1）相対値基準

　相対値基準は、経常収入に占める寄附金の割合が20%以上であるか否かで判定します。当該割合を算定するにあたっては、単純に決算書上の総収入と寄附金収入の比率で算定するわけではなく、分母・分子いずれも、一定の金額を調整した上で計算します。

① 相対値基準の分母

相対値基準の分母に関しては、実績判定期間における総収入金額から次の収入を調整して算定します。

【相対値基準の分母】

A	総収入金額
B	△ 国・地方公共団体からの補助金等
C	△ 資産売却による臨時収入
D	△ 1,000円未満の寄附金（同一者からの合計額）
E	△ 氏名又は名称が明らかでない寄附金
F	分母（A－B－C－D－E）

※補助金等について、分母・分子の両方に含める方法も選択できます。
※小規模法人の特例の場合、1,000円未満の寄附や氏名・名称が明らかでない寄附
　を控除する必要がなくなります。
※休眠預金等交付金関係助成金は、除外して計算します。

② 相対値基準の分子

相対値基準の分子に関しては、実績判定期間における寄附金総額から次の収入を調整して算定します。

【相対値基準の分子】

G	寄附金総額
H	△ 一者当たり基準限度超過額（原則、寄附金総額の10%超部分）
I	△ 1,000円未満の寄附金（同一者からの合計額）
J	△ 氏名又は名称が明らかでない寄附金
K	＋ 会費のうち共益的な活動等に係る部分を控除した金額 　　ただし、（G－H－I－J）が限度
L	分子（G－H－I－J＋K）

※補助金等について、分母・分子の両方に含める方法も選択できます。
※小規模法人の特例の場合、1,000円未満の寄附や氏名・名称が明らかでない寄附
　を控除する必要がなくなります。
※休眠預金等交付金関係助成金は、除外して計算します。
※会費を加算する場合、社員20名以上等の要件を満たす必要があります。

（2）絶対値基準

　絶対値基準は、実績判定期間において、年間3,000円以上の寄附者の数が年平均100人以上であるか否かで判定します。

　なお、寄附者の集計にあたっては、次の点に留意が必要です。

【寄附者の集計にあたっての留意事項】

1	寄附者の氏名（法人・団体にあっては、その名称）及びその住所が明らかな寄附者のみを数える。
2	寄附者本人と生計を一にする者を含めて一人として数える。
3	申請法人の役員及びその役員と生計を一にする者が寄附者の場合は、これらの者は寄附者数に含めない。
4	休眠預金等交付金関係助成金の額を除外して判定する。

（3）条例個別指定

　条例個別指定は、都道府県又は市区町村の条例により、個人住民税の優遇措置を受ける法人として個別に指定を受けているか否かで判定します。

　判定にあたっては、申請日の前日において条例の効力が生じている必要があります。また、条例個別指定を受けた都道府県又は市区町村の域内に事務所がある必要があります。

4　認定 NPO 法人及び特例認定 NPO 法人に共通する要件

　認定 NPO 法人及び特例認定 NPO 法人のいずれにおいても求められる要件は、次のとおりです。特例認定 NPO 法人は、次の 8 要件をすべて満たせば、認定基準を満たしたことになります。

（1）事業活動において共益的な活動の占める割合が50％未満であること

認定基準を満たすためには、実績判定期間における事業活動において、共益的な活動の占める割合が50％未満である必要があります。共益的な活動の割合の算定にあたっては、事業費の額、従業員の作業時間数その他の合理的な指標により行います。

共益的な活動とは、次のような活動をいいます。

【共益的な活動】

1	会員等のみを対象とした物品の販売やサービスの提供
2	会員等のみが参加する会議や会報誌の発行
3	特定のグループにのみ便益が及ぶ活動
4	特定の人物や著作物に関する普及啓発や広報宣伝などの活動
5	特定の者の意に反した行為を求める活動
6	特定の地域に居住する者にのみ便益が及ぶ活動

※条例個別指定の場合は、上表1～5で判定します。

（2）運営組織及び経理が適切であること

運営組織及び経理が適切であるか否かは、次の要件を満たしているか否かで判定します。

【運営組織及び経理が適切か否か】

1	役員総数のうち、役員及びその役員の親族（配偶者・三親等以内の親族）等で構成されるグループの人数の占める割合が1／3以下であること。
2	役員総数のうち、特定の法人の役員又は使用人並びにこれらの者の親族（配偶者・三親等以内の親族）等で構成されるグループの人数の占める割合が1／3以下であること。
3	公認会計士若しくは監査法人の監査を受けている又は、青色申告法人と同等に取引を帳簿に記録し保存していること。
4	各社員の表決権が平等であること。
5	支出した金銭について使途が不明なものはなく、帳簿に虚偽の記載はしていないこと。

（3）事業活動の内容が適正であること

　事業活動の内容が適正であるか否かは、次の要件を満たしているか否かで判定します。

【事業活動の内容が適正であるか否か】

1	宗教活動及び政治活動は行っていないこと。
2	役員、社員、職員若しくは寄附者若しくはこれらの者の親族（配偶者・三親等以内の親族）等に対して特別の利益を与えていないこと。
3	営利を目的とした事業を行う者や上記1の活動を行う者又は特定の公職の候補者（公職にある者）に寄附を行っていないこと。
4	実績判定期間において、総事業費に占める特定非営利活動に係る事業費の割合が80%以上であること。 なお、判定にあたっては、事業比率のほか、作業時間数等の合理的な指標により算定した割合で判定を行うこともできる（NPO法施行規則24）。
5	実績判定期間において、受取寄附金の総額に占める特定非営利活動に係る事業費に充てた額の割合が70%以上であること。

（4）情報公開を適切に行っていること

　情報公開を適切に行っているか否かは、次の要件を満たしているか否かで判定します。

【情報公開を適切に行っているか否か】

1	事業報告書や役員名簿などの情報を一般に公開することができること。
2	一般の人から情報公開の請求があった場合、閲覧に応じることができること。

　なお、閲覧対象となる書類は次の書類です。

【閲覧対象書類】

1	事業報告書等、役員名簿及び定款等
2	各認定基準に適合する旨及び欠格事由に該当しない旨を説明する書類
3	寄附金を充当する予定の具体的な事業の内容を記載した書類

4	役員報酬又は職員給与の支給に関する規程
5	収益の明細その他資金に関する事項、資産の譲渡等に関する事項、寄附金に関する事項等を記載した書類
6	助成金の支給を行った場合に事後に所轄庁に提出した書類の写し

（5）所轄庁に対して事業報告書等を提出していること

　NPO法人は事業報告書等を毎事業年度終了後に所轄庁に提出する必要がありますが、認定を受けるためには、ルール通りに所轄庁へ提出がされている必要があります。

【所轄庁に提出する事業報告書等】

1	事業報告書
2	活動計算書
3	貸借対照表
4	財産目録
5	年間役員名簿
6	社員のうち10人以上の者の氏名及び住所又は居所を記載した書類

（6）法令違反、不正の行為、公益に反する事実等がないこと

　認定を受けるためには、法令又は法令に基づく行政庁の処分に違反する事実、偽りや不正の行為によって利益を得た事実又は得ようとした事実、公益に反する事実がいずれもないことが求められます。

（7）設立の日から1年を超える期間が経過していること

　認定を受けるためには、実績判定期間の判定を行う必要があるため、少なくとも、申請書を提出した日を含む事業年度開始の日において、設立の日以後1年を超える期間が経過している必要があります。

（8）欠格事由のいずれにも該当しないこと

　認定を受けるためには、次に掲げる欠格事由のいずれにも該当していない必要があります。

【欠格事由】

1	役員のうちに次の①から④のいずれかに該当する者がある	
	①	認定又は特例認定を取り消された法人において、その取消しの原因となった事実があった日以前 1 年内に当該法人のその業務を行う理事であった者でその取消しの日から 5 年を経過しない者
	②	禁錮以上の刑に処せられ、その執行を終わった日又はその執行を受けることがなくなった日から 5 年を経過しない者
	③	NPO 法若しくは暴力団員不当行為防止法に違反したことにより、若しくは刑法204条等若しくは暴力行為等処罰法の罪を犯したことにより、又は国税若しくは地方税に関する法律に違反したことにより、罰金刑に処せられ、その執行を終わった日又はその執行を受けることがなくなった日から 5 年を経過しない者
	④	暴力団又はその構成員（暴力団の構成団体の構成員を含む。）若しくは暴力団の構成員でなくなった日から 5 年を経過しない者（以下、「暴力団の構成員等」という。）
2	認定又は特例認定を取り消され、その取消しの日から 5 年を経過しない	
3	定款又は事業計画書の内容が法令等に違反している	
4	国税又は地方税の滞納処分が執行されているもの又は当該滞納処分の終了の日から 3 年を経過しない	
5	国税に係る重加算税又は地方税に係る重加算金を課された日から 3 年を経過しない	
6	暴力団、暴力団又は暴力団の構成員等の統制下にある法人	

5 | 公益法人となるためには

1 公益法人となるための流れ

　公益法人となるためには、一般法人が行政庁に公益認定申請を行い、行政庁による審査を経た上で公益認定を受ける必要があります。公益法人の制度上、公益法人自体をいきなり設立することはできません。

　公益認定を受けるためには、次の認定基準を満たし、かつ、次の欠格事由に該当していない必要があります。

【認定基準（認定法 5 ）】

1	公益目的事業を行うことを主たる目的とするものであること。
2	公益目的事業を行うのに必要な経理的基礎及び技術的能力を有するものであること。
3	その事業を行うに当たり、社員、評議員、理事、監事、使用人等に特別の利益を与えないものであること。
4	その事業を行うに当たり、特定の個人や団体に特別の利益を与えないものであること。
5	投機的な取引等、公益法人としてふさわしくない事業、公序良俗を害するおそれのある事業を行わないものであること。
6	公益目的事業に係る収入がその実施に要する適正な費用を償う額を超えないものであること（収支相償）。
7	収益事業等を行う場合には、公益目的事業の実施に支障を及ぼすおそれがないものであること。
8	公益目的事業比率が50％以上であること。
9	遊休財産額が原則として 1 年間分の公益目的事業費を超えないものであること。
10	各理事について、理事及びその配偶者又は三親等内の親族等である理事の合計数が理事の総数の 3 分の 1 を超えないものであること。監事についても同様とする。
11	他の同一の団体の理事又は使用人等である理事の合計数が理事の総数の 3 分の 1 を超えないものであること。監事についても同様とする。
12	一定規模以上の法人については、会計監査人を置いているものであること。
13	役員報酬等について、不当に高額なものとならないような基準を定めていること。

14	社団法人においては、社員資格の得喪や社員の議決権に関して、不当に差別的な取扱いや条件を付していないものであること。また、理事会設置法人であること。
15	他の団体の意思決定に関与することができる財産を保有していないものであること。
16	不可欠特定財産があるときは、定款に必要事項を定めているものであること。
17	公益認定の取消し等を受けた場合、公益目的取得財産残額相当の財産を国等に贈与する旨の定款を定めているものであること。
18	清算をする場合において、残余財産を国等に帰属させる旨の定款を定めているものであること。

【欠格事由（認定法 6 ）】

	その理事、監事及び評議員のうち、次のいずれかに該当する者があるもの	
1	①	公益認定を取り消された場合において、その取消しの原因となった事実があった日以前 1 年内に当該公益法人の業務を行う理事であった者でその取消しの日から 5 年を経過しないもの
	②	認定法や一般法、刑法等の罪を定めた規定に違反したことにより、罰金の刑に処せられ、その執行を終わり、又は執行を受けることがなくなった日から 5 年を経過しない者
	③	禁錮以上の刑に処せられ、その刑の執行を終わり、又は刑の執行を受けることがなくなった日から 5 年を経過しない者
	④	暴力団員又は暴力団員でなくなった日から 5 年を経過しない者
2	公益認定を取り消され、取消日から 5 年を経過しないもの	
3	その定款又は事業計画書の内容が法令又は法令に基づく行政機関の処分に違反しているもの	
4	その事業を行うに当たり法令上必要となる行政機関の許認可等を受けることができないもの	
5	国税又は地方税の滞納処分の執行がされているもの又は当該滞納処分の終了の日から 3 年を経過しないもの	
6	暴力団員等がその事業活動を支配するもの	

　　認定基準については、以下、事業内容や財務に関する基準など、カテゴリーごとに分けた上で詳しく解説します。

2　事業内容に関する基準

　認定基準のうち、主に事業内容に関する基準について解説します。ここでは、特に公益目的事業の定義と技術的能力の有無が重要となります。

（1）公益目的事業（認定法5一）

　公益法人となるためには、公益目的事業を行うことを主たる目的とする必要があります（認定法5一）。

　公益目的事業とは、学術、技芸、慈善その他の公益に関する別表各号に掲げる種類の事業であって不特定かつ多数の者の利益の増進に寄与するものをいいます（認定法2四）。

　ここで別表各号に掲げる種類の事業とは、次の23事業をいいます。

【認定法別表各号の事業】

1	学術及び科学技術の振興を目的とする事業
2	文化及び芸術の振興を目的とする事業
3	障害者若しくは生活困窮者又は事故、災害若しくは犯罪による被害者の支援を目的とする事業
4	高齢者の福祉の増進を目的とする事業
5	勤労意欲のある者に対する就労の支援を目的とする事業
6	公衆衛生の向上を目的とする事業
7	児童又は青少年の健全な育成を目的とする事業
8	勤労者の福祉の向上を目的とする事業
9	教育、スポーツ等を通じて国民の心身の健全な発達に寄与し、又は豊かな人間性を涵養することを目的とする事業
10	犯罪の防止又は治安の維持を目的とする事業
11	事故又は災害の防止を目的とする事業
12	人種、性別その他の事由による不当な差別又は偏見の防止及び根絶を目的とする事業
13	思想及び良心の自由、信教の自由又は表現の自由の尊重又は擁護を目的とする事業
14	男女共同参画社会の形成その他のより良い社会の形成の推進を目的とする事業

15	国際相互理解の促進及び開発途上にある海外の地域に対する経済協力を目的とする事業
16	地球環境の保全又は自然環境の保護及び整備を目的とする事業
17	国土の利用、整備又は保全を目的とする事業
18	国政の健全な運営の確保に資することを目的とする事業
19	地域社会の健全な発展を目的とする事業
20	公正かつ自由な経済活動の機会の確保及び促進並びにその活性化による国民生活の安定向上を目的とする事業
21	国民生活に不可欠な物資、エネルギー等の安定供給の確保を目的とする事業
22	一般消費者の利益の擁護又は増進を目的とする事業
23	前各号に掲げるもののほか、公益に関する事業として政令で定めるもの （政令未制定）

　公益目的事業の要件を満たしているか否かについては、別表に掲げる種類の事業であるほか、「不特定かつ多数の者の利益の増進に寄与」するものである必要があります。不特定かつ多数の者の利益の増進に寄与しているか否かの具体的な判断に関しては、内閣府公益認定等委員会が公表しているチェックポイントに基づいて行います。当該チェックポイントに関しては、公益法人が行う多種多様な事業の中から典型的と考えられる17事業について具体的に掲げられています。

【チェックポイントとして掲げられている17事業】

1	検査検定	7	技術開発、研究開発	13	助成（応募型）
2	資格付与	8	キャンペーン、○○月間	14	表彰、コンクール
3	講座、セミナー、育成	9	展示会、○○ショー	15	競技会
4	体験活動等	10	博物館等の展示	16	自主公演
5	相談、助言	11	施設の貸与	17	主催公演
6	調査、資料収集	12	資金貸付、債務保証等		

　チェックポイントは、上記の17事業ごとに細かく定められていますが、各事業において、共通して求められる主なポイントとしては次のとおりです。

【公益目的事業となるための主なチェックポイント】

1	不特定多数の者の利益の増進に寄与することを主たる目的として位置づけ、適当な方法で明らかにしているか。
2	受益の機会が公開されているか。
3	専門家が適切に関与しているか。
4	公正性が確保されているか。
5	不当に多額の支出はないか。
6	事業が丸投げ外注でないか。
7	情報公開を適切に行っているか。
8	業界団体の販売促進や共同宣伝になっていないか。

　公益目的事業に該当するか否かついては、まず認定法別表各号の事業に該当するか否かで判断し、その上で、内閣府公益認定等委員会が公表しているチェックポイントの要件を満たすか否かで判断することになります。

（2）経理的基礎と技術的能力（認定法5二）

　公益法人となるためには、経理的基礎と技術的能力が必要になります。

　まず、経理的基礎とは、次の3つのことをいいます。

【経理的基礎】

	項　目	内　容
1	財政基盤の明確化	貸借対照表、収支予算書等により財務状態の確認を受けます。また、寄附金収入の見込みや会費収入の見込み、借入計画等について確認を受けます。
2	経理処理、財産管理の適正性	財産の管理・運用について法人の役員が適切に関与すること、開示情報や行政庁への提出資料の基礎として十分な会計帳簿を備え付けること、不適正な経理を行わないことが求められます。
3	情報開示の適正性	外部監査の有無や監事に公認会計士や税理士のような会計の専門家が関与しているか確認を受けます。仮に監事が公認会計士や税理士でなかったとしても、公認会計士や税理士、経理事務の精通者がどのように関与しているのか説明できれば問題ありません。

　次に、技術的能力とは、公益目的事業を実施するための技術、専門的人材や施設などの能力を有していることをいいます。事業を行うに当たり、法令上の許認可等が必要な場合には、その許認可を得ていることが求められます。

　技術的能力に関して、一部を外注していたとしても問題ありませんが、丸投げ外注のような場合は、法人として事業を実施しているとは言い難いため、技術的能力がないと判断されます。

（3）特別の利益（認定法5三・四）

　公益法人は、その事業を行うに当たり、社員、評議員、理事、監事、使用人等に特別の利益を与えてはなりません。また、特定の個人や団体に対しても同様に特別の利益を与えてはなりません。

　特別の利益とは、利益を与える個人又は団体の選定や利益の規模が、事業の内容や実施方法などの具体的な事情に即し、社会通念に照らして合理性を欠く不相当な利益の供与その他の優遇がこれに当たります。

（4）ふさわしくない事業（認定法5五）

　公益法人は、投機的な取引や高利の融資などの公益法人としてふさわしくない事業を行うことは認められていません。

3　財務に関する基準

　認定基準のうち、主に財務に関する基準について解説します。ここで解説する収支相償、公益目的事業比率、遊休財産額の保有制限は、一般的に財務3基準と呼ばれ、公益認定を受けるにあたって特に重要な基準となります。

（1）収支相償（認定法5六）

① 基本的な考え方

収支相償とは、公益目的事業に係る収入の額がその事業に必要な適正な費用を償う額を超えてはならないとする基準のことです（認定法5六、14）。簡単に言い換えると、公益目的事業では原則として利益を上げてはいけないとする基準です。

収支相償は、二段階で判定することになります。

【二段階の収支相償計算】

段　　階	内　　容	備　　考
第一段階	公益目的事業ごと	公益1、公益2……等の事業ごと
第二段階	公益目的事業会計全体	各事業の合計＋公益共通＋収益事業等からの利益繰入

第一段階は、公益目的事業ごとに判定します。単純にそれぞれの公益目的事業が黒字になっていなければ、第一段階は満たしているといえます。

第二段階は、公益目的事業会計全体、すなわち、会費収入等の公益共通の収入や収益事業等からの利益の繰入を含めた上で判定します。第一段階の収支相償を満たしていたからといって、必ずしも第二段階の収支相償を満たすとは限らない点に留意が必要です。

たとえば、次のような場合、第一段階の収支相償は満たしていますが、第二段階の収支相償は満たしていません。

【収支相償の判定例】

公益目的事業会計	損　益	収支相償の判定
公益1	△10	第一段階は満たしています。
公益2	△20	第一段階は満たしています。
公益共通（会費収入等）	20	―
収益事業等からの利益繰入	15	―
合計	5	第二段階は満たしていません。

　そのため、公益目的事業を実施するにあたっては、公益目的事業ごとの収支相償を満たすだけではなく、公益共通や収益事業等からの利益の繰入など、第二段階の収支相償も満たすことを念頭においた上で実施する必要があります。

　なお、収支相償を計算するにあたっては、会計上の費用だけなく、将来に対する資金積立を、みなし費用として計算することができます。みなし費用として計算することができる資金積立には、特定費用準備資金と資産取得資金があります。

② 公益共通の留意事項

　第二段階の収支相償の計算では、特定の事業と関連付けられない公益目的事業に係るその他の経常収益、経常費用を含めて判定します。公益共通に計上される代表例は、次のとおりです。

【公益共通に計上される代表例】

代表例	内　容
入会金・会費収入	公益社団法人の社員となる会員（代議員制における会員含む。）からの入会金・会費収入については、使途の定めのない場合、50％が公益目的事業会計の収入となり（認定法施行規則26一）、公益社団法人の社員以外の会員からの入会金・会費収入は、100％が公益目的事業会計の収入となります。また、公益財団法人の入会金・会費収入については、使途の定めのない場合、100％が公益目的事業会計の収入となります（FAQ Ⅵ-1-①）。
使途の定めのない寄附金	使途の定めがある場合、当該使途に従った会計区分・事業区分に計上されますが、使途の定めがない場合は、公益共通に計上されます。
公益の財産の運用益	運用益の使途が特定の公益目的事業ではなく、公益目的事業全体となっている場合、公益共通に計上されます。

③ 収益事業等からの利益繰入

a．利益の繰入割合

　収益事業等を行っている公益法人については、収益事業等から生じた利

益について、一定割合を公益目的事業財産に繰り入れる必要があります。

　利益の繰入割合に関して、認定法上、最低でも50％は繰り入れる必要がありますが（認定法18四、認定法施行規則24）、50％を超えて繰り入れることも可能です（認定法施行規則26七・八）。

　なお、収益事業等の利益の繰入割合は、貸借対照表の区分経理や収支相償の計算方法にも影響を与えます。

【利益の繰入割合と貸借対照表の区分経理・収支相償の計算】

利益の繰入割合	貸借対照表の区分経理	収支相償の計算
50％	任　意	公益目的事業に係る特定費用準備資金の積立・取崩を考慮します（積立限度はありません）。
		公益資産取得資金の積立・取崩を考慮しません。ただし、剰余金が生じた場合の解消理由として、公益資産取得資金の積立を説明することは可能です。
		公益目的保有財産の取得支出・売却収入を考慮しません。ただし、剰余金が生じた場合の解消理由として、公益目的保有財産の取得支出を説明することは可能です。
50％超	必　要	公益目的事業に係る特定費用準備資金の積立・取崩を考慮します（積立限度があります）。
		公益資産取得資金の積立・取崩を考慮します（積立限度があります）。
		公益目的保有財産の取得支出・売却収入を考慮します。
		公益目的事業に係る減価償却費を調整します。

　利益の繰入割合については、継続する必要はなく、毎事業年度変更することが可能です。なお、いったん、50％超の利益の繰入を行った法人は、その後50％となった場合でも継続性の観点から貸借対照表の区分経理を継続するのが適当とされています（FAQ Ⅴ‒2‒②）。

b．利益の繰入単位

　収益事業等とは、「収益事業」と「その他の事業」を合わせた事業です。

　収益事業等からの利益の繰入については、「収益事業合計」と「その他の

事業合計」の単位で行うことになります。具体例を示すと次のようになります。

【収益事業等から生じた利益の繰入計算の単位の例】

会計区分	事業区分		金　額	
収益事業等会計	収益事業	収益事業 1	100	
		収益事業 2	200	
		収益事業合計	**300**	←利益繰入計算単位
	その他の事業	その他の事業 1	400	
		その他の事業 2	△500	
		その他の事業合計	**△100**	←利益繰入計算単位
		収益事業等合計	200	

　上記の場合、「収益事業合計」300と「その他の事業合計」△100が利益の繰入計算の単位となり、「その他の事業合計」はマイナスであるため、結果として「収益事業合計」300が利益繰入の対象となります。

　利益の繰入計算の単位は、「収益事業 1 」、「収益事業 2 」、「その他の事業 1 」、「その他の事業 2 」の細分化した事業区分でも、会計区分である「収益事業等合計」でもない点に留意が必要です。

ｃ．利益の繰入計算

　収益事業等からの利益の繰入計算における利益は、次のとおり計算します。

【収益事業等の利益の繰入計算の例】

項　目	収益事業	その他事業
収益事業等の経常収益の総額	500	300
収益事業等の経常外収益の総額	50	0
収益事業等の収益総額	550	300
収益事業等の経常費用の総額	200	100
収益事業等の経常外費用の総額	0	0
収益事業等の費用総額	200	100
収益事業等の当期利益額	350	200
管理費のうち収益事業・その他事業に按分される額の控除	△20	△10
調整後の収益事業等の当期利益総額	330	190

　上記の計算のとおり、利益額を算定するためには、「管理費のうち収益事業・その他事業に按分される額の控除」を行います。単純に正味財産増減計算書内訳表の収益事業等の正味財産増減額が利益になるわけではない点に留意が必要です。

　なお、管理費の按分方法については、合理的な基準であればよいとされており、公益法人が毎事業年度終了後に提出する定期提出書類の記載の手引き上は、会計上の事業費の比率で按分計算する方法が示されています。

【管理費の各事業への按分計算の例】

	合　計	公益目的事業	収益事業	その他事業
事業費	1,000	700	200	100
事業費割合	100%	70%	20%	10%
管理費	100	70	20	10

④ 特定費用準備資金と収支相償

ａ．特定費用準備資金とは

　特定費用準備資金とは、将来の特定の活動の実施のために積立てる資金のことです（認定法施行規則18）。たとえば、周年事業に備えるための「○

周年事業積立資金」のようなものが該当します。

　特定費用準備資金を積立てるためには、次の要件を満たしている必要があります（認定法施行規則18③、FAQ Ⅴ‑3‑④）。

【特定費用準備資金の要件】

1	資金の目的である活動を行うことが見込まれること。
2	資金の目的ごとに他の資金と明確に区分して管理され、貸借対照表の特定資産に計上していること。
3	資金の目的である支出に充てる場合を除くほか、取り崩すことができないものであること又は目的外で取り崩す場合に理事会の決議を要するなど特別の手続が定められていること。
4	積立限度額が合理的に算定されていること。
5	特別の手続の定め、積立限度額、その算定根拠について事業報告に準じた備置き、閲覧等の措置が講じられていること。

b．特定費用準備資金と収支相償の関係

　公益目的事業に係る特定費用準備資金の積立は費用ではありませんが、収支相償の計算上、費用とみなして計算します。収支相償の計算上、みなし費用の対象となるのは、公益目的事業に係る特定費用準備資金の積立です。

【特定費用準備資金と収支相償の関係】

	公益目的事業に係る資金	収益事業等に係る資金	管理に係る資金
積　立	第一段階及び第二段階の収支相償の計算上、費用とみなします。	収支相償の計算上は関係ありません。	
取　崩	第一段階及び第二段階の収支相償の計算上、収入とみなします。		

　積立時は費用とみなされますが、逆に取り崩した際は収入とみなされます。そのため、特定費用準備資金の積立は、将来の費用を前倒ししているようなイメージといえます。

	×１年度 積立年度	×２年度 取崩年度	合　計
特定費用準備資金調整前の収支相償の判定	10	△25	△15
公益目的事業に係る特定費用準備資金の積立	△20	—	△20
公益目的事業に係る特定費用準備資金の取崩	—	20	20
特定費用準備資金調整後の収支相償の判定	△10	△5	△15

　積立年度と取崩年度の合計で見ると、特定費用準備資金調整前の収支相償の判定△15と特定費用準備資金調整後の収支相償の判定△15は変わりません。他方、特定費用準備資金を積立てなかったとすると、×１年度の特定費用準備資金調整前の収支相償の判定は10であるため、収支相償を満たしていないことになります。

　特定費用準備資金は、×２年度に発生すると見込まれる費用を×１年度に前倒しで計上することで、×１年度の収支相償を満たす効果があります。一方、×２年度においては、×１年度に費用を前倒しで計上しているため、その分だけみなし収益を計上することになります。

　なお、特定費用準備資金は、将来の特定の費用に充てるために積立てるものです。特定の費用が見込まれない中で、単に将来の費用の一部を前倒し計上することはできない点に留意する必要があります。

c．収益事業等の利益の繰入が50％超の場合の特定費用準備資金

　収益事業等の利益の繰入が50％超の場合、収支相償の計算上、みなし費用とできる金額には限度があります。具体的には、今後積立てなければならない見込み金額を積立てる残存年数で除した額が限度となります。

　なお、収支相償の計算上のみなし費用の限度額と実際に積立てる額は、必ずしもイコールではありません。特定費用準備資金は、公益目的事業比

率や遊休財産額の保有制限にも有効に利用できるため、収支相償上のみなし費用の限度額以上に積立てることも可能です。

【公益目的事業に係る特定費用準備資金の積立と収支相償上の限度】

	50％利益繰入	50％超利益繰入
資金の積立限度	所要資金額を限度	所要資金額を限度
収支相償上の計算における、みなし費用の限度		(所要資金額－前期末資金残高) 積立期間残存年数

⑤ 資産取得資金と収支相償

a．資産取得資金とは

　資産取得資金とは、特定の財産の取得又は改良に充てるために積立てる資金のことです（認定法施行規則22③三）。たとえば、会館建設に備えるための「会館建設積立資金」のようなものが該当します。

　資産取得資金を積立てるためには、次の要件を満たしている必要があります（認定法施行規則22④、18③、ガイドラインⅠ-8）。

【資産取得資金の要件】

1	資金の目的である財産を取得し、又は改良することが見込まれること。
2	資金の目的ごとに他の資金と明確に区分して管理され、貸借対照表の特定資産に計上していること。
3	資金の目的である支出に充てる場合を除くほか、取り崩すことができないものであること又は目的外で取り崩す場合に理事会の決議を要するなど特別の手続が定められていること。
4	当該資金の目的である財産の取得又は改良に必要な最低額が合理的に算定されていること。
5	特別の手続の定め、当該資金の目的である財産の取得又は改良に必要な最低額、その算定根拠について事業報告に準じた備置き、閲覧等の措置が講じられていること。

b．資産取得資金と収支相償の関係

　公益目的保有財産の取得又は改良に充てるための資金の積立は費用ではありませんが、費用とみなして計算します。収支相償の計算上、みなし費

用の対象となるのは、公益目的保有財産の取得に係る資産取得資金の積立です。

【資産取得資金と収支相償の関係】

	公益目的保有財産を 取得するための資金	収益事業等その他の業務又は 活動の用に供する財産を 取得するための資金
積　立	収益事業等からの利益の繰入が50%の場合、収支相償の計算には含まれませんが、剰余金が発生した場合の解消理由の1つとして説明することができます。	収支相償の計算上は関係ありません。
	収益事業等からの利益の繰入が50%超の場合に限り、第二段階の収支相償の計算上、費用とみなします。	
取　崩	収益事業等からの利益の繰入が50%超の場合に限り、第二段階の収支相償の計算上、収入とみなします。	

　収益事業等からの利益の繰入が50%超の場合、収支相償の計算上、公益目的保有財産に関して収支計算となるような調整を行います。

【収益事業等の利益の繰入が50%超の場合における調整】

内　容	収支相償の計算
公益目的保有財産の減価償却費	費用から控除します。
公益目的保有財産の売却収入	収入に含めます。
公益目的保有財産の取得支出	費用に含めます。

ｃ．収益事業等の利益の繰入が50%超の場合の資産取得資金

　収支相償の第二段階の判定の計算上、みなし費用とできる金額には限度があります。具体的には、今後積立てなければならない見込み金額を積立てる残存年数で除した額が限度となります。

　なお、収支相償の計算上のみなし費用の限度額と実際に積立てる額は、必ずしもイコールではありません。資産取得資金は、遊休財産額の保有制

限にも有効に利用できるため、収支相償上のみなし費用の限度額以上に積立てることも可能です。

【公益目的保有財産の取得に係る資産取得資金の積立と収支相償上の限度】

	50%利益繰入	50%超利益繰入
資金の積立限度	所要資金額を限度	所要資金額を限度
第二段階の収支相償上の計算における、みなし費用の限度	考慮されません。ただし、剰余金が発生した場合の解消理由の1つとして説明することはできます。	$\dfrac{(所要資金額-前期末資金残高)}{積立期間残存年数}$

⑥ 収支相償の計算まとめ

ａ．第一段階

　第一段階の収支相償の計算においては、次の収入と費用を比較し、収入が費用を上回っていないか判定します。

【第一段階の収支相償】

収支相償	収　入	費　用
公益目的事業ごと	経常収益	経常費用
公益目的事業に係る特定費用準備資金	取　崩	積　立

ｂ．第二段階

　第二段階の収支相償の計算においては、次の収入と費用を比較し、収入が費用を上回っていないか判定します。

【第二段階の収支相償】

利益繰入	50%繰入		50%超繰入	
収支相償	収　入	費　用	収　入	費　用
各公益目的事業の合計	経常収益	経常費用	経常収益	経常費用
公益共通	経常収益	経常費用	経常収益	経常費用
収益事業等からの利益	50%	—	50%超	—
公益目的事業に係る特定費用準備資金	取　崩	積　立	取　崩 (過去に費用として算入した額)	積　立 (上限あり)
公益目的保有財産の取得に係る資産取得資金	—	—	取　崩 (過去に費用として算入した額)	積　立 (上限あり)
公益目的保有財産	—	—	売却収入	取得支出
公益目的保有財産に係る減価償却費	—	—	—	費用から控除

（2）公益目的事業比率（認定法5八）

① 基本的な考え方

　公益目的事業比率とは、事業費及び管理費の合計額に占める公益目的事業に要する費用の割合が50％以上でなければならないとする基準のことです（認定法5八、15）。

　公益法人は、公益目的事業以外の収益事業等を行うことができますが、公益目的事業が主でなければなりません。なお、公益目的事業比率は、事業費に占める公益目的事業費の割合ではなく、管理費も含めた法人全体の費用の比率で判定するのがポイントです。仮に公益目的事業しか行っていない法人であっても、管理費の比率が高い場合は満たさない可能性があるため、留意が必要です。

② 具体的な計算方法

　公益目的事業比率は、次のとおり計算します。

【公益目的事業比率】

$$公益目的事業比率（50\%以上必要） = \frac{公益実施費用額}{公益実施費用額＋収益等実施費用額＋管理運営費用額}$$

　上記の費用額の金額は、経常費用の金額だけでなく、特定費用準備資金等を調整した上で算定することになります。

【公益目的事業比率算定上の費用額】

	内　容	備　考
1	経常費用	経常費用を基礎とします。経常外費用は含まれません。
2	土地の使用に係る費用額	自己所有の土地の賃料相当額を費用とみなすことができます。
3	融資に係る費用額	無利子・低利融資を行う場合、市場金利との差額を費用とみなすことができます。
4	無償の役務の提供等に係る費用額	ボランティアの人件費を費用とみなすことができます。
5	特定費用準備資金当期積立額	積立額を費用とみなすことができます。
6	特定費用準備資金当期取崩額	取崩額については、費用をマイナスします。
7	引当金の取崩額	引当金取崩益が計上されている場合、費用をマイナスします。
8	財産の譲渡損等の額	経常費用の額に認定法施行規則15①・③・④に定める財産の譲渡損、評価損、運用損の額が計上されている場合、当該金額をマイナスします。他方、経常費用の額に認定法施行規則15②に規定する財産の原価額が計上されていない場合、当該金額をプラスします。

　調整項目の計算は、公益実施費用額だけでなく、収益等実施費用額・管理運営費用額も同様に計算する必要があります。公益以外の金額が大きい場合は、公益目的事業比率を下げる効果となってしまうため、当該調整項目が公益目的事業比率の算定にとって必ずしも有利になるとは限りません。

　なお、上表2から6の調整項目の計上は任意ですが、そのうち、土地の使用に係る費用額、融資に係る費用額、無償の役務の提供等に係る費用額については、一度適用すると正当な理由がある場合を除き、毎事業年度継続して適用する必要があります（認定法施行規則16②、16の2②、17③）。

（3）遊休財産額の保有制限（認定法5九）

① 基本的な考え方

遊休財産額の保有制限とは、法人の純資産に計上された額のうち、具体的な使途が定まっていない財産の額が、1年分の公益目的事業費相当額を超えてはならないとする基準のことです（認定法5九、16）。公益法人は、必要以上の内部留保をしてはならないという基準といえます。

② 具体的な計算方法

遊休財産額の保有制限は、次のとおり計算します。

【遊休財産額の保有制限】

遊休財産額の保有上限額 （1年分の公益目的事業費相当額）	≧	遊休財産額 （手元資金等の具体的な使途が 定まっていない財産の額）

なお、1年分の公益目的事業費相当額は、経常費用の金額だけでなく、特定費用準備資金等を調整した上で算定することになります。

【遊休財産額の保有上限額】

	内　容	備　考
1	公益目的事業会計の経常費用	経常費用を基礎とします。経常外費用は含まれません。
2	公益目的事業に係る 特定費用準備資金当期積立額	積立額を費用とみなすことができます。
3	公益目的事業に係る 特定費用準備資金当期取崩額	取崩額については、費用をマイナスします。
4	公益目的事業に係る 引当金の取崩額	引当金取崩益が計上されている場合、費用をマイナスします。
5	公益目的事業に係る 財産の譲渡損等の額	経常費用の額に認定法施行規則15①・③・④に定める財産の譲渡損、評価損、運用損の額が計上されている場合、当該金額をマイナスします。他方、経常費用の額に認定法施行規則15②に規定する財産の原価額が計上されていない場合、当該金額をプラスします。

③ 遊休財産額と控除対象財産

　遊休財産額は、資産から負債を控除した正味財産を基礎として、当該正味財産から、実際に使用している財産・使途が定まっている財産（控除対象財産）を控除することによって算定します。

【遊休財産額のイメージ】

　遊休財産額から控除する控除対象財産は、次のとおりです。

【控除対象財産（認定法施行規則22③)】

号　数	控除対象財産	内　容
1号財産	公益目的保有財産	公益目的のために使用しているため、控除対象となります。
2号財産	収益事業等や管理運営に供する財産	収益事業等や管理運営のために使用しているため、控除対象となります。
3号財産	資産取得資金	将来の特定の支出に備えるための資金であるため、控除対象となります。
4号財産	特定費用準備資金	将来の特定の支出に備えるための資金であるため、控除対象となります。
5号財産	使途の定めのある財産	使途の指定を受けて使用している財産であるため、控除対象となります。
6号財産	使途の定めのある資金	使途の指定を受けて支出予定の資金であるため、控除対象となります。

　なお、遊休財産額の計算基礎である正味財産は、すでに負債を控除しているため、正味財産から控除対象財産を控除するにあたっては、控除対象財産に対応する負債を調整します。

（4）収益事業等（認定法5七）

　公益法人が収益事業等を行う場合には、収益事業等を行うことによって公益目的事業の実施に支障を及ぼすおそれがあってはなりません。

　収益事業等とは、公益目的事業以外の事業のことをいい（認定法5七）、利益を上げるための事業である収益事業と、共益のためのその他事業に区分されます。

　公益法人が財務基準の範囲内において収益事業等を実施することは自由ですが、その際、収益事業等の資源配分や事業内容により公益目的事業の円滑な実施に支障を生じるようなことはあってはならないとされています。

4　ガバナンスに関する基準

　認定基準のうち、主にガバナンスに関する基準について解説します。

（1）役員の3分の1規定（認定法5十・十一）

　公益法人は、公正・中立的な運営を行う必要があるため、一定のグループが公益法人の役員を占めるのは望ましくありません。そのため、公益法人は、一定のグループが役員に占める割合を3分の1以下に抑えなければならないとする規定があります。具体的には、親族等の規定と他の同一団体の規定の2つがあります。

【役員の3分の1規定】

構成割合の要件	内　容
親族等 （認定法5十）	各理事について、当該理事及びその配偶者又は三親等内の親族（これらの者に準ずるものとして当該理事と政令（認定法施行令4）で定める特別の関係がある者を含む。）である理事の合計数が理事の総数の3分の1を超えないものであること。監事についても同様とする。
他の同一の団体 （認定法5十一）	他の同一の団体（公益法人又はこれに準ずるものとして政令（不制定）で定めるものを除く。）の理事又は使用人である者その他これに準ずる相互に密接な関係にあるものとして政令（認定法施行令5）で定める者である理事の合計数が理事の総数の3分の1を超えないものであること。監事についても同様とする。

認定法上、理事・監事については3分の1規定が明記されていますが、財団法人の評議員については、上記のような規定はありません。

そのかわり、内閣府公益認定等委員会が公表している定款留意事項において、評議員会が評議員を選任・解任するような公益法人の場合は、定款上、「評議員の構成を認定法第5条第10号（親族等の要件）及び第11号（他の同一の団体の要件）に準ずる」規定を定めていることが望ましいとされているため、評議員についても同様の要件が求められるケースが多いといえます。

【役員等の構成割合の要件】

	親族等の割合が3分の1を超えないこと	他の同一の団体の理事又は使用人等の割合が3分の1を超えないこと
理事	認定法第5条第10号	認定法第5条第11号
監事		
評議員	認定法上の規定はありませんが、評議員会が評議員を選任・解任する場合、定款上、同様の規定を定めているケースが多いといえます。	

（2）会計監査人の設置（認定法5十二）

公益法人は、次のいずれかの規模に該当する場合、会計監査人を設置する義務があります。

【公益法人における会計監査人の設置義務となる法人規模（認定法施行令6）】

1	収益の合計額1000億円以上
2	費用及び損失の合計額が1000億円以上
3	負債の合計額が50億円以上（※）

※なお、一般法人において会計監査人の設置が必要となる法人の規模は、負債の合計額が200億円以上です。

（3）役員報酬基準（認定法5十三）

公益法人は、理事、監事及び評議員に対する報酬等について、不当に高額なものとならないような支給の基準を定める必要があります。

当該報酬基準においては、勤務形態に応じた報酬等の区分、金額の算定方法、支給の方法等を定めることになります。公益法人は、当該基準に基づいて役員報酬等を支給し、当該基準を公表しなければならないとされています（認定法20）。

なお、NPO法人の場合、役員報酬を支給する人数に制限がありますが、公益法人の場合、支給する人数に制限はありません。

（4）公益社団法人における社員資格の得喪（認定法5十四イ）

公益法人は、公益性の観点から排他的・閉鎖的であってはなりません。そのため、公益社団法人においては、社員資格の得喪に関して、当該法人の目的に照らし、不当に差別的な取扱いをする条件その他の不当な条件を付してはならないとされています。

なお、不当な条件か否かは、社会通念に従って判断します。当該法人の目的、事業内容に照らして、当該条件に合理的な関連性及び必要性があれば不当な条件には該当しません。たとえば、専門性の高い事業活動を行っている法人において、その専門性の維持、向上を図ることが法人の目的に照らして必要であり、その必要性から合理的な範囲で社員資格を一定の有資格者等に限定したり、理事会の承認等の一定手続的な要件を付したりすることは、不当な条件に該当しません（ガイドラインⅠ-13）。

（5）公益社団法人における社員の議決権行使（認定法5十四ロ）

公益社団法人となるためには、社員の議決権に関して、当該法人の目的に照らして不当に差別的な取扱いや、提供した金銭その他の財産の額に応じて異なる取扱いを行ってはなりません。そのため、基本的には、1社員1議決権とする必要があります。

5　その他の認定基準

　認定基準のうち、前記以外の主に財産の保有や帰属に関する基準について解説します。

（1）他の団体の意思決定に関与することができる財産（認定法5十五）

　公益法人は、子会社のようなものをもってはなりません。そのため、公益法人は、他の団体の決定に関与することができる株式等を原則として50％超保有してはならないことになっています。

　仮に50％超保有していた場合は、無議決権株式とする又は議決権を含めて受託者に信託することにより、当該基準を満たすことができます（ガイドラインⅠ-14）。

（2）不可欠特定財産の定め（認定法5十六）

　公益法人は、不可欠特定財産を保有している場合、その旨並びにその維持及び処分の制限について、必要な事項を定款に定める必要があります。

　不可欠特定財産とは、公益目的事業を行うために不可欠な特定の財産であり、法人の目的、事業と密接不可分な関係にあり、当該法人が保有、使用することに意義がある特定の財産のことをいいます。

　たとえば、美術館における美術品のようなものが不可欠特定財産に該当しますが、金融資産や通常の土地・建物は不可欠特定財産には該当しません（ガイドラインⅠ-15）。

（3）公益認定取消しにおける財産の贈与の定め（認定法5十七）

　公益法人は、公益認定の取消し処分を受けた場合又は合併により法人が消滅する場合（承継する法人が公益法人であるときを除く。）において、公益目的取得財産残額があるときは、これに相当する額の財産を公益認定の取

消しの日又は当該合併の日から1ヵ月以内に国・地方公共団体等に贈与する旨を定款に定めておく必要があります。

　なお、贈与先は、国・地方公共団体のほか、次の法人でも問題ありません。

【公益目的取得財産残額の贈与先として認められる法人】

1	類似の事業を目的とする他の公益法人	
2	学校法人	
3	社会福祉法人	
4	更生保護法人	
5	独立行政法人	
6	国立大学法人・大学共同利用機関法人	
7	地方独立行政法人	
8	特殊法人（株式会社であるものを除く。）	
9	次のいずれにも該当する法人	
	①	法令の規定により、当該法人の主たる目的が、学術、技芸、慈善、祭祀、宗教その他の公益に関する事業を行うものであることが定められていること。
	②	法令又は定款その他の基本約款の規定により、各役員について、当該役員及びその配偶者又は三親等内の親族である役員の合計数が役員の総数の3分の1を超えないことが定められていること。
	③	社員その他の構成員に剰余金の分配を受ける権利を与えることができないものであること。
	④	社員その他の構成員又は役員及びこれらの者の配偶者又は三親等内の親族に対して特別の利益を与えないものであること。
	⑤	法令等の規定により、残余財産を当該法人の目的に類似する目的のために処分し、又は国若しくは地方公共団体に帰属させることが定められていること。

（4）清算する場合における財産の帰属の定め（認定法5十八）

　公益法人は、清算する場合において残余財産を国・地方公共団体等に帰属させる旨を定款に定めておく必要があります。なお、帰属先は、上記**（3）**の公益認定取消しの場合における贈与先として認められる法人でも問題ありません。

6 | 税額控除対象の公益法人となるためには

1 公益法人における税額控除

　個人の寄附金控除には、所得控除と税額控除の 2 つがあります。通常の公益法人は所得控除しか認められていませんが、一定の要件を満たすと税額控除も認められるようになります。税額控除が認められる法人においては、所得控除と税額控除のいずれか有利な方を選択することができます。通常、税額控除を選択した方が有利なことが多いため、寄附をより集めやすくなるといえます。

【公益法人における所得控除と税額控除】

控　除	計　算	対　象
所得控除	（寄附額－ 2 千円）を所得金額から控除	すべての公益法人
税額控除	（寄附額－ 2 千円）×40％を税額から控除	パブリックサポートテストの要件を満たす公益法人が 5 年の有効期間で認められます。

　※寄附額は、総所得金額等の40％相当額が限度です。
　※税額控除額は、所得税額の25％が限度です。

2 税額控除対象法人となるための要件と手続

（1）パブリックサポートテスト

　税額控除が認められる公益法人となるためには、実績判定期間においてパブリックサポートテストの要件を満たす必要があります。パブリックサポートテストには、寄附者の人数で判定する絶対値要件と経常収益に占める寄附金収入の割合で判定する相対値要件の 2 つがあります。

① 実績判定期間とは

実績判定期間とは、直前に終了した事業年度終了日以前の5年内に終了した各事業年度のうち最も古い事業年度開始の日から当該直前に終了した事業年度終了日までをいいます。なお、活動実績が5年に満たない法人は、設立の日から直前に終了した事業年度終了日までが実績判定期間となります。当該実績判定期間においては、一般法人であった期間における事業年度を含みます。

② 絶対値要件

絶対値要件とは、3,000円以上の寄附金を支出した者が、平均して年100人以上いることをいいます。なお、集計にあたっては、次の点に留意する必要があります。

【寄附金集計にあたっての留意事項】

1	1度の寄附が3,000円未満であっても、同一の者から複数回の寄附があり、同一事業年度において3,000円以上であれば1人としてカウントすることができます。
2	寄附者本人と生計を一にする者を含めて、1人としてカウントします。
3	役員であるものは、寄附者としてカウントできません。なお、公益財団法人の評議員は役員ではないため、寄附者としてカウントできます。
4	公益財団法人の賛助会費、公益社団法人における社員以外の者からの会費について、対価性や支出義務がない場合には寄附金として認められます。
5	休眠預金等交付金関係助成金の額を除外して判定します。

なお、公益目的事業費の合計が1億円未満の事業年度があるような小規模な公益法人については、当該事業年度に関して判定要件が次のように緩和されています。

【公益目的費用の額の合計額が1億円未満の事業年度の判定基準寄附者数】

$$判定基準寄附者数 = \frac{実際の寄附者数 \times 1億円}{公益目的事業費用の額の合計額（1,000万円未満の場合には1,000万円）}$$

※寄附金額が年平均30万円以上である必要があります。

③ 相対値要件

　相対値要件とは、収入金額に占める寄附金収入の割合が20％以上であることをいいます。なお、分母となる収入金額と分子となる寄附金収入については、次の点に留意する必要があります。

【分母となる収入金額の留意点】

1	国等の補助金の額は、分子の寄附金に加算する方法か、分母から控除する方法のいずれかの選択が可能です。
2	資産売却収入で臨時的なものは分母から控除します。
3	法律等の規定に基づく事業で、その対価を国又は地方公共団体が負担することとされている場合の負担金額は分母から控除します。
4	遺贈により受け入れた寄附金等のうち、一者当たりの基準限度超過額（※）に相当する部分は分母から控除します。
5	同一の者から受け入れた寄附金の額の合計額が1,000円に満たないものは分母から控除します。
6	寄附者の氏名又は名称が明らかでないものは分母から控除します。
7	休眠預金等交付金関係助成金は除外します。

　※一者当たりの基準限度超過額とは、実績判定期間の同一の者からの寄附金の額の合計額のうち、実績判定期間の受入寄附金の合計額の10％（特定公益増進法人・認定NPO法人からの寄附については50％）を超える部分の金額のことをいいます。

【分子となる寄附金収入の留意点】

1	一者当たりの基準限度超過額に相当する部分は分子から控除します。
2	同一の者から受け入れた寄附金の額の合計額が1,000円に満たないものは分子から控除します。
3	寄附者の氏名又は名称が明らかでないものは分子から控除します。
4	社員が20名以上の公益社団法人の場合、社員からの会費×公益目的事業比率を分子に加算することができます。なお、加算する場合、受取寄附金総額から一者当たりの基準限度超過額・1,000円未満寄附金・氏名等不詳の寄附金を除いた金額が上限となります。

| 5 | 国等の補助金の額は、分子の寄附金に加算する方法か、分母から控除する方法のいずれかの選択が可能です。なお、分子に加算する場合、受取寄附金総額から一者当たりの基準限度超過額・1,000円未満寄附金・氏名等不詳の寄附金を除いた金額が上限となります。 |
| 6 | 休眠預金等交付金関係助成金は除外します。 |

（2）行政庁への申請手続と有効期間

　税額控除対象法人となるためには、パブリックサポートテストの要件を満たした上で行政庁に申請する必要があります。行政庁において、要件を満たしていると判断した場合には、証明書が発行され、税額控除対象法人となります。なお、税額控除対象法人の有効期限は5年間であるため、継続するためには、有効期限が切れる前に再度申請手続を行うことになります。

（3）寄附者に対する手続

　寄附者に対しては、当該法人が税額控除対象となる公益法人とわかるように、寄附金の領収書のほか、行政庁から受けた証明書の写しを交付する必要があります。

7 | 寄附金を特定収入と しないための確認とは

1 寄附金と特定収入の関係

　通常、寄附金は、消費税法上の特定収入に該当します。一般課税で消費税計算をする場合、特定収入が増えれば、その分だけ仕入控除税額を減らす方向で税額計算するため、消費税を計算する上で不利に働きます。

　他方、公益法人においては、助成金支出に使途を限定した寄附のように、寄附金収入が課税仕入れに充てられることがまったくないような寄附も多いといえます。このような寄附金に対しても特定収入とした場合、特定収入を財源とした課税仕入れをまったく行っていないにも関わらず、仕入控除税額が減る計算となり、必要以上に不利な計算結果になります。

　そのため、公益法人においては、一定の要件を満たす寄附金について、特定収入から除外する取扱いが認められています。

2 特定収入から除外するための要件と手続

（1）特定収入から除外するための要件

　寄附金収入を特定収入から除外するためには、次の要件を満たす必要があります。

【特定収入から除外するための寄附金の要件】

1	寄附金を募集する主体が公益社団法人又は公益財団法人であること。
2	寄附金が特定の活動に係る特定支出のためにのみ使用されること。 特定支出とは、次に掲げる支出（※）以外の支出をいい、具体的には支払助成金や支払寄附金が該当します。なお、寄附金募集のための募集経費や管理費に充てられる場合は、当該要件を満たしません。

	（※）特定支出に該当しない支出	
	①	課税仕入れに係る仕入対価の額に係る支出
	②	特定課税仕入れに係る支払対価等の額に係る支出
	③	課税貨物の引取価額に係る支出
	④	通常の借入金等の返済金又は償還金に係る支出
3	寄附金が期間を限定して募集されること。	
4	寄附金が他の資金と明確に区分して管理されること。 具体的には寄附金専用口座を開設し、会計上は指定正味財産・特定資産として管理する必要があります。	
5	寄附金を受け入れる前に行政庁の確認を受けること。	

（2）確認申請

　寄附金収入を特定収入から除外するためには、要件を満たした上で、行政庁に確認申請を行う必要があります。行政庁において要件を満たしていると判断した場合、行政庁は確認書を交付するとともに、確認の内容を公表します。確認の対象は募集要綱等であるため、当該要綱等に基づき募集される寄附金である限り、年度を超えても改めて確認申請を行う必要はありません。

（3）実施報告

　募集要綱等で定めた事業を実施した事業年度終了後、速やかに行政庁に対して実施報告書を提出する必要があります。実施が複数年度に及ぶ場合は、すべての事業年度ごとに報告が必要となります。

（4）消費税申告時

　当該確認を経て特定収入に含めずに消費税を計算する場合においては、確認書の写しを消費税申告時に添付する必要があります。

8 | 譲渡所得の 非課税措置とは

　含み益のある現物資産を個人が寄附した場合、通常であれば当該含み益に対してみなし譲渡所得が課税されることになりますが、一定の要件を満たした場合、当該みなし譲渡所得を非課税とすることができます。

　みなし譲渡所得の非課税措置には、一般特例と承認特例の2つがあります。

1　一般特例

　譲渡所得の非課税措置のうち、一般特例の申請が可能な法人は、公益法人・認定 NPO 法人・特例認定 NPO 法人・NPO 法人・非営利性が徹底された非営利型法人である一般法人です。

　一般特例を申請するにあたっては、次の要件を満たす必要があります。

【譲渡所得の非課税措置の要件】

1	寄附が、教育又は科学の振興、文化の向上、社会福祉への貢献その他公益の増進に著しく寄与すること。
2	寄附財産が、その寄附があった日から2年を経過する日までの期間内に寄附を受けた公益法人等のその寄附に係る公益目的事業の用に直接供され、又は供される見込みであること。
3	寄附をすることにより、寄附をした人の所得税の負担を不当に減少させ、又は寄附した人の親族その他これらの人と特別の関係がある人の相続税や贈与税の負担を不当に減少させる結果とならないと認められること。

　譲渡所得の非課税措置の適用を受けようとする場合は、原則として寄附者が寄附の日から4ヵ月以内（その期間を経過する日前に寄附をした日の属する年分の所得税の確定申告書の提出期限が到来する場合には、その提出期限まで）に所轄税務署に対して、申請手続を行う必要があります。

2 承認特例

　譲渡所得の非課税措置のうち、承認特例の申請が可能な法人は、公益法人・認定NPO法人・特例認定NPO法人です。一般特例と承認特例との違いは、承認までの期間の違いです。一般特例の場合、承認までに年単位で時間がかかることもありますが、承認特例の場合、申請から一定期間内に承認又は不承認の決定がないときは自動承認されます。

【承認までの期間】

手　続	承認までの期間
一般特例	期間に定めはないため、年単位で時間がかかることもあります。
承認特例	寄附された現物資産が株式等である場合は3ヵ月以内、それ以外である場合は1ヵ月以内に承認又は不承認の決定が行われないときは自動承認となります。

　承認特例を申請するにあたっては、次の要件を満たす必要があります。

【譲渡所得の非課税措置の承認特例の要件】

1	寄附をした人が寄附を受けた法人の役員等及び社員並びにこれらの人の親族等に該当しないこと。
2	寄附財産について、次の要件を満たすこと。 〈公益法人の場合（次のいずれかを満たすこと）〉 ① 寄附財産が、寄附を受けた法人の不可欠特定財産であるものとして、その旨並びにその維持及び処分の制限について、必要な事項が定款で定められていること。 ② 寄附財産が、一定の公益目的事業に充てるための基金に組み入れる方法により管理されていること。なお、当該基金については、行政庁の確認・証明が必要となります。 〈認定NPO法人・特例認定NPO法人の場合〉 寄附財産が、一定の特定非営利活動に係る事業に充てるための基金に組み入れる方法により管理されていること。なお、当該基金については、所轄庁の確認・証明が必要となります。
3	寄附を受けた法人の理事会等において、寄附の申出を受け入れること及び寄附財産について基金に組み入れる方法により管理すること又は不可欠特定財産とすることが決定されていること。

　譲渡所得の非課税措置の適用を受けようとする場合は、原則として寄附者が寄附の日から4ヵ月以内（その期間を経過する日前に寄附をした日の属する年分の所得税の確定申告書の提出期限が到来する場合には、その提出期限まで）に所轄税務署に対して、申請手続を行う必要があります。

　また、承認特例を受けた寄附者は、寄附財産に関する一定の確認書類（基金明細書の写し等）を、原則として、寄附を受けた法人における寄附の日の属する事業年度終了の日から3ヵ月以内に、所轄税務署に提出する必要があります。

第**3**章

非営利団体の
運営・会計・税務

　非営利団体の組織を変更するか否かにあたって
は、それぞれの団体・法人における特徴を理解し
ておくことが重要といえます。そのため、第3章で
は、任意団体・NPO法人・一般法人・公益法人
のそれぞれの団体・法人における運営面・会計
面・税務面の特徴を確認します。

1 | 任意団体の運営・会計・税務

1 任意団体の運営

（1）構成員（会員）

　任意団体の構成員となるための資格は、会則や規約等によります。また、総会の議決権行使についても会則や規約等の定めによります。

【任意団体の会員について】

項　　目	取扱い
入会資格	会則や規約の定めによります。
総会の議決権	会則や規約の定めによります。

（2）任意団体の機関設計

　任意団体の機関設計は、会則や規約等の定めによりますが、NPO法人や一般社団法人のように、総会、理事会、理事、監事から構成されているケースが多いといえます。

【任意団体の機関の例】

機　　関	内　　容
総　　会	会員から構成される最高意思決定機関
理　　事	団体運営を行う役員
理事会	理事から構成される団体運営の意思決定機関
監　　事	理事の職務執行や決算を監査する立場の役員

（3）任意団体の役員

　任意団体の役員は、会則や規約等の定めによります。NPO 法人や一般法人のように、理事や監事を役員とし、理事の中から代表者を選定しているケース、会長・理事長という役自体を役員としているケース、理事に準ずる役職として幹事、参与、顧問を役員としているケースなど、団体によって様々です。

　また、役員の定数や選任方法、任期の定め、報酬の有無についても会則や規約等の定めによるため、ケースバイケースといえます。

（4）任意団体の理事会運営

　任意団体の理事会の運営は、会則や規約等の定めによります。理事会は、団体の業務執行を意思決定する機関として位置づけられているケースがよく見られます。

　一般法人の場合、理事会の書面決議は認められていませんが、任意団体の場合、理事会の書面決議が認められているケースがよく見られます。

（5）任意団体の総会運営

　任意団体の総会運営は、会則や規約等の定めによります。総会は、その団体の最高意思決定機関であり、決算承認や会則の変更、団体の解散等の重要意思決定を行う機関として位置づけられているケースがよく見られます。

　会員の議決権は、通常、１人１議決権としていることが多く、議決権の行使に関して、代理人出席や書面決議が認められているケースがよく見られます。

（6）任意団体が解散した場合における残余財産の帰属

　任意団体が解散した場合における残余財産の帰属は、会則や規約等に定める内容に従うことになります。会則や規約等に定めがない場合は、総会等の最高意思決定機関において定めることになると考えられます。

2　任意団体の会計

（1）決算書の種類

　任意団体の決算書に関しては、収支を表す収支計算書と事業年度末日時点の資産負債の状況を表す財産目録を作成しているケースがよく見られます。

　なお、法人税申告を行っている任意団体においては、損益計算に基づいて課税所得を計算する必要があります。

　収支計算と損益計算に差異がないような場合は、収支計算書を税務申告用に使用することができますが、収支計算と損益計算に差異がある場合は、差異項目を調整した上で収支計算書から損益ベースの決算書を作成する必要があります。

【収支計算と損益計算が異なる主なケース】

差異項目	収支計算	損益計算
棚卸資産の取得	支出にプラス	損益に関係なし
棚卸資産の払い出し	収支に関係なし	費用のプラス
固定資産の取得	支出にプラス	損益に関係なし
減価償却・除却	収支に関係なし	費用にプラス
特定資産の積立	支出にプラス	損益に関係なし
特定資産の取崩	収入にプラス	損益に関係なし

　ある程度組織が大きい団体の場合、NPO法人会計基準や公益法人会計基準に準じて、損益計算書（活動計算書・正味財産増減計算書）と貸借対照表を作成しているケースもあります。

【任意団体の決算書の例】

1	期末日時点の資産・負債を表す決算書 　例：貸借対照表・財産目録
2	1年間の収支（損益）を表す決算書 　例：収支決算書・損益計算書・活動計算書・正味財産増減計算書

（2）区分経理の要否

① 会計上の区分経理

　任意団体の会計のルールは特にないため、会計上、区分経理した決算書の作成は必須ではありません。

② 法人税法上の区分経理

　法人税法上の収益事業を行っている任意団体は法人税申告を行うため、法人税法上の収益事業がわかる決算書が必要となります。

　すべての事業が収益事業に該当する場合は、会計上の決算書をそのまま税務申告用の決算書に使うことができるため、改めて区分経理する必要はありません。他方、法人税法上の収益事業と収益事業以外の事業がある場合は、法人税法上の収益事業と収益事業以外の事業に区分経理する必要があります。

【任意団体における法人税法上の区分経理の要否】

ケース別		法人税法上の区分経理
法人税法上の収益事業を行っていない場合		法人税申告が不要であるため、法人税法上の区分経理は不要です。
法人税法上の収益事業を行っている場合	すべての事業が収益事業に該当する場合	会計上の決算書をそのまま法人税申告用の収益事業の決算書として使うことができるため、法人税法上の区分経理は不要です。
	収益事業と収益事業以外の事業がある場合	法人税申告のために収益事業と収益事業以外の事業に区分経理する必要があります。なお、区分経理においては、貸借対照表の区分経理も必要となります。

3 任意団体の税務

（1）任意団体の法人税

　任意団体は収益事業課税であるため、法人税法上の収益事業を行っている場合は、法人税申告が必要となり（法法4①ただし書）、地方税である法人事業税及び法人住民税の申告も必要となります。なお、法人税法上の収益事業を行っていない場合は、法人税申告が不要となり、地方税である法人事業税や法人住民税も課税されません。

（2）任意団体の消費税

　任意団体も、通常の法人と同様に消費税法の適用を受けます。なお、任意団体が消費税を一般課税で計算する場合において、特定収入割合が5％超となるときは、特定収入に係る課税仕入れを調整計算する必要があります。

（3）任意団体の寄附に対する税務
① 任意団体側

　任意団体は収益事業課税であるため、受取寄附に対して法人税は課税されません。また、寄附は対価性がないため、消費税も課税されません。なお、消費税に関しては、金銭等による寄附の場合、特定収入となります。

　任意団体は、個人からの寄附に留意する必要があります。なぜなら、個人からの寄附に関しては、相続税・贈与税の租税回避防止規定が適用されるからです。当該相続税・贈与税の租税回避防止規定は一般法人等にも適用がありますが、規定の趣旨が租税回避防止であるため、一般法人等の場合は、不当減少か否かという要件が定められています。他方、任意団体の場合は、そもそも租税回避のために利用されるリスクが高いため、不当減少か否かという要件なしに、相続税・贈与税が課税されるため留意が必要です（相法66①）。ただし、受け入れる財産が公益目的の事業に供することが確実な相続税・贈与税の非課税財産に該当する場合は、課税されません（相法12①三、21の3①三）。

【任意団体が寄附を受けた際の税務上の取扱い】

税　目	税務上の取扱い
法人税	課税されません。
消費税	課税されません。
相続税・贈与税	個人からの寄附に関しては、任意団体を個人とみなして相続税・贈与税が課税されます。ただし、公益目的の事業に供することが確実な相続税・贈与税の非課税財産に該当する場合は、課税されません。

② 寄附側

　任意団体に対する寄附については、特に優遇措置はありません。そのため、個人が寄附したとしても税務上の控除は受けられません。また、相続財産を寄附したとしても、当該相続財産には相続税が課税されます。さらに、含み益がある財産を寄附した場合は、含み益部分について、みなし譲渡所得が課税されます。

2 | NPO 法人の運営・会計・税務

1　NPO 法人の運営

(1) NPO 法人の社員

　NPO 法人を設立するためには、社員が10人以上必要です（NPO 法12①四）。NPO 法人の社員となる資格は、定款に定める必要があり（NPO 法11①五）、社員資格に関して不当な条件を付してはなりません（NPO 法2②一イ）。また、社員の表決権は、平等とする必要があります（NPO 法14の7）。

【NPO 法人の社員について】

項　目	取扱い
設立時の数	10人以上必要です。
入会資格	不当な条件を付してはなりません。
総会の表決権	平等です。

(2) NPO 法人の機関設計

　NPO 法人の機関設計は、社員総会、理事、監事です。理事会を設置するか否かは任意となります。

【NPO 法人の機関の例】

機　関	内　容
社員総会	社員から構成される最高意思決定機関
理　事	法人運営を行う役員
理事会	理事から構成される法人運営の意思決定機関
監　事	理事の業務執行や財産の状況を監査する役員

（3）NPO法人の役員

　NPO法人の役員は理事と監事です。理事は、法人の業務執行と意思決定を行う役員であり、監事は、理事の業務執行や財産の状況を監査する役員です。理事は原則として代表権を有していますが、代表権を有する理事を限定することもできます（NPO法16）。

　役員の選任については、特に法律上の定めはないため、定款によることになります。最高意思決定機関である社員総会で選任しているケースが多いと思われますが、理事会において選任することも可能です。

　役員の定数は定款に定めることになり、最低でも理事は3名以上、監事は1名以上必要となります（NPO法15）。なお、NPO法人の役員構成に関しては、親族等を排除する要件があり（NPO法21）、さらに認定NPO法人に関しては、親族等のほか、特定の法人の役員等の構成割合の要件があります（NPO法45①三イ）。

　役員の任期は、2年以内において定款で定める期間となります（NPO法24①）。なお、社員総会で役員を選任しているNPO法人にあっては、後任の役員が選任されていない場合に限り、任期の末日後最初の社員総会が終結するときまで任期を伸長することができます（NPO法24②）。

　また、役員報酬に関しては、報酬を受ける者の数が役員総数の3分の1以下である必要があります（NPO法2②一ロ）。

【NPO法人の役員について】

項　　目	取扱い
役員の種類	理事と監事です。なお、理事は原則として代表権を有していますが、理事の中から理事長や会長という形で代表権を有する理事を選び、それ以外の理事は代表権を有しないとしているケースもあります。
役員の選任	法律上の定めがないため、定款の定めによります。社員総会において選任しているケースが多いと思われますが、理事会において選任することも可能です。
役員の定数	定款の定めによりますが、最低でも理事は3名以上、監事は1名以上必要となります。

役員の兼職	理事は使用人と兼職することができますが、監事は、理事や使用人と兼職することは認められていません。
役員の構成 （NPO 法人）	役員のうち、それぞれの役員について、その配偶者若しくは三親等以内の親族が 1 人を超えて含まれ、又は当該役員並びにその配偶者及び三親等以内の親族が役員の総数の 3 分の 1 を超えて含まれることになってはなりません（NPO 法21）。
役員の構成 （認定 NPO 法人）	各役員について、次の①②に掲げる者の役員の総数のうちに占める割合が、それぞれ 3 分の 1 以下である必要があります（NPO 法45①三イ）。 ①当該役員並びに当該役員の配偶者及び三親等以内の親族並びに当該役員と内閣府令で定める特殊の関係のある者 ②特定の法人の役員又は使用人である者並びにこれらの者の配偶者及び三親等以内の親族並びにこれらの者と内閣府令で定める特殊の関係のある者
役員の任期	2 年以内
役員報酬	役員報酬を支給できるのは、役員総数の 3 分の 1 以下です。

（4）NPO 法人の理事会運営

　NPO 法上、理事会の規定はないため、NPO 法人の理事会は定款上で定めた任意の機関となります。理事会は、法人の業務執行を意思決定する機関として位置づけられているケースが多いといえます。

　なお、一般法人の場合、理事会で役員を選任することはできませんが、NPO 法人の場合は、定款で定めれば理事会で役員を選任することも可能です。また、一般法人の場合、理事会の書面決議は認められていませんが、NPO 法人の場合は、理事会の書面決議が認められているケースが多いといえます。

（5）NPO 法人の社員総会運営

　社員総会は、NPO 法人の最高意思決定機関であり、理事や理事会に委任したものを除き、すべてを決議することができます（NPO 法14の 5 ）。

　社員の表決権は平等であり、社員総会においては、代理人出席や書面決議が認められています（NPO 法14の 7 ）。

（6）NPO 法人が解散した場合における残余財産の帰属

　NPO 法人が解散した場合における残余財産の帰属に関しては、NPO 法第11条第 3 項の定めにより、次の者に帰属させる必要があります。

【NPO 法人の残余財産の帰属先（NPO 法11③）】

1	国又は地方公共団体
2	特定非営利活動法人
3	公益社団法人又は公益財団法人
4	学校法人
5	社会福祉法人
6	更生保護法人

（7）NPO 法人の定期提出書類と変更手続

　NPO 法人は、毎事業年度初めの 3 ヵ月以内に前事業年度の事業報告書等を所轄庁に提出する必要があります（NPO 法29）。また、NPO 法人は、役員の変更があった場合、所轄庁に対して役員変更の届出を行う必要があります（NPO 法23①）。さらに、次の事項に掲げる定款の変更を行う際には、所轄庁の認証を受ける必要があります（NPO 法25③、④）。なお、所轄庁の変更を伴わない事務所の所在地の変更や役員の定数の変更は、認証ではなく届出となります（NPO 法25⑥）。

【認証が必要となる定款変更】

1	目　　的
2	名　　称
3	その行う特定非営利活動の種類及び当該特定非営利活動に係る事業の種類
4	主たる事務所及びその他の事務所の所在地（所轄庁の変更を伴うものに限る。）
5	社員の資格の得喪に関する事項
6	役員に関する事項（役員の定数に係るものを除く。）
7	会議に関する事項
8	その他の事業を行う場合における、その種類その他当該その他の事業に関する事項
9	解散に関する事項（残余財産の帰属すべき者に係るものに限る。）
10	定款の変更に関する事項

（8）特例認定 NPO 法人・認定 NPO 法人の定期提出書類と変更手続

　特例認定 NPO 法人・認定 NPO 法人は、NPO 法人と同様に、事業報告書等の提出義務や役員変更の届出、定款変更の際の認証が求められています（NPO 法52①、62）。なお、2つ以上の都道府県の区域内に事務所を設置する認定 NPO 法人にあっては、所轄庁のほか、所轄庁以外の関係知事にも提出する必要があります。

　また、特例認定 NPO 法人・認定 NPO 法人は、事業報告書等のほか、次の書類も毎事業年度、提出する必要があります（NPO 法55、62）。

【特例認定 NPO 法人・認定 NPO 法人において毎事業年度提出が必要な書類】

1	役員報酬規程等提出書
2	前事業年度の役員報酬又は職員給与の支給に関する規程（※）
3	収益の源泉別の明細、借入金の明細その他の資金に関する事項を記載した書類
4	資産の譲渡等に係る事業の料金、条件その他その内容に関する事項を記載した書類（※）
5	次に掲げる取引先、取引金額その他その内容に関する事項を記載した書類 ① 収益及び費用について、それぞれ取引金額の上位5件 ② 役員等との取引
6	寄附者の氏名並びにその寄附金の額及び受領年月日を記載した書類 （なお、寄附者は、役員、役員の配偶者若しくは三親等以内の親族又は役員と特殊の関係にある者で前事業年度における当該法人に対する寄附金の合計額が20万円以上であるものに限る。）
7	給与を得た職員の総数及び当該職員に対する給与の総額に関する事項を記載した書類
8	支出した寄附金の額並びにその相手先及び支出年月日
9	海外への送金又は金銭の持出しを行った場合におけるその金額及び使途並びにその実施日を記載した書類
10	認定基準に適合している旨及び欠格事由のいずれにも該当していない旨を説明する書類

　※令和2年12月の法律改正により、令和3年6月9日以後に開始する事業年度において、上記2は変更がない場合に提出不要となり、上記4は提出不要となります。なお、作成・備置き・閲覧対応は必要です。

さらに、特例認定NPO法人・認定NPO法人は、助成金の支出を行ったときには、支給後遅滞なく、助成金の実績を記載した書類を作成し、所轄庁に提出する必要があります（NPO法54③、55②、62）。

2 │ NPO法人の会計

（1）決算書の種類

NPO法人の計算書類は、活動計算書と貸借対照表です（NPO法27三）。活動計算書とは、NPO法人の活動状況を表す決算書であり、営利企業における損益計算書に相当する決算書です。一方、貸借対照表とは、事業年度末日時点の資産・負債・正味財産の状況を表す決算書です。計算書類を作成する際には、計算書類の補足説明資料となる注記も作成します。

また、NPO法人は、計算書類のほか、貸借対照表の内容をより詳細に表示した財産目録も作成する必要があります。

【NPO法人の決算書】

1	活動計算書
2	貸借対照表
3	注　記
4	財産目録

（2）区分経理の要否

① 会計上の区分経理

NPO法人は、特定非営利活動のほかにその他の事業を行うことができます。そして、その他の事業を行うNPO法人は、特定非営利活動に係る事業に関する会計から区分し、特別の会計として経理しなければならないとされているため（NPO法5②）、区分経理が必要となります。なお、貸借対照表の区分経理は煩雑であるため、重要な資産を注記する方式で問題ありません。

　また、特定非営利活動に係る事業について、複数の事業を実施している法人の場合も、注記において事業別損益の状況を作成するため、区分経理が必要となります。

【NPO法人の会計上の区分経理】

事業の実施	区分経理
特定非営利活動に係る事業のほかに、その他の事業を行っている場合	活動計算書の区分経理が必要となります。なお、貸借対照表については、重要な資産を注記する方法で問題ありません。
複数の特定非営利活動に係る事業を行っている場合	事業別損益の状況を作成するため、区分経理が必要となります。なお、貸借対照表については必要ありません。

② 法人税法上の区分経理

　法人税法上の収益事業を行っているNPO法人は、法人税申告を行うため、法人税法上の収益事業が分かる決算書が必要となります。

　すべての事業が収益事業に該当する場合は、会計上の決算書をそのまま税務申告用の決算書に使うことができるため、改めて区分経理する必要はありません。他方、法人税法上の収益事業と収益事業以外の事業がある場合は、法人税法上の収益事業と収益事業以外の事業に区分経理する必要があります。

　なお、法人税法上の区分経理の単位とNPO法人の会計上の区分経理の単位は、イコールではありません。特定非営利活動に係る事業であっても、法人税法上の収益事業に該当するものもあれば、その他の事業であっても、法人税法上の収益事業に該当しないものもあります。そのため、会計上の区分経理とは別に、改めて法人税法上の区分経理も行う必要があります。

【NPO法人における法人税法上の区分経理の要否】

ケース別		法人税法上の区分経理
法人税法上の収益事業を行っていない場合		法人税申告が不要なため、法人税法上の区分経理は不要です。
法人税法上の収益事業を行っている場合	すべての事業が収益事業に該当する場合	会計上の決算書をそのまま法人税申告用の収益事業の決算書として使うことができるため、法人税法上の区分経理は不要です。
	収益事業と収益事業以外の事業がある場合	法人税申告のために収益事業と収益事業以外の事業に区分経理する必要があります。法人税法上の区分経理の単位と会計上の区分経理の単位はイコールとは限らないため、会計上の区分経理の単位とは別に法人税法上の区分経理を行う必要があります。なお、区分経理においては、貸借対照表の区分経理も必要となります。

3　NPO法人の税務

（1）NPO法人の法人税

　NPO法人は収益事業課税であるため、法人税法上の収益事業を行っている場合は法人税申告が必要となり、地方税である法人事業税及び法人住民税の申告も必要となります。法人税法上の収益事業を行っていない場合は、法人税申告が不要となり、地方税である法人事業税及び法人住民税の法人税割も課税されません。

　なお、法人税申告が不要な場合であっても、法人住民税均等割については、申告・納税が必要となりますが、法人税法上の収益事業を行っていないNPO法人の場合、自治体によっては減免申請を行うことで、当該均等割が減免されるケースもあります。

　また、認定NPO法人の場合、みなし寄附金を適用することができます。みなし寄附金とは、収益事業に属する資産のうちから、その収益事業以外の事業で特定非営利活動に係る事業に該当するもののために支出した金額を、その収益事業に係る寄附金とみなす制度のことです。当該みなし寄附

金の損金算入限度額は、所得金額の50％又は200万円のいずれか多い額までとなります。

（2）NPO法人の消費税

NPO法人が消費税を一般課税で計算する場合において、特定収入割合が5％超となるときは、特定収入に係る課税仕入れを調整計算する必要があります。

（3）NPO法人の寄附に関する税務

① NPO法人側

NPO法人は収益事業課税であるため、受取寄附に対して法人税は課税されません。また、寄附は対価性がないため、消費税も課税されません。なお、消費税に関しては、金銭等による収入の場合、特定収入となります。

また、NPO法人は持分の定めのない法人であるため、個人からの寄附に関して、相続税・贈与税の租税回避防止規定の適用があります。そのため、当該寄附によって、寄附した者の親族等の相続税又は贈与税の負担が不当に減少する結果となると認められるときは、NPO法人を個人とみなして相続税・贈与税が課税されます（相法66④）。

【NPO法人が寄附を受けた際の税務上の取扱い】

税　目	税務上の取扱い
法人税	課税されません。
消費税	課税されません。
相続税・贈与税	個人からの寄附に関しては、寄附した者の親族等の相続税又は贈与税の負担が不当に減少する結果となると認められるときは、NPO法人を個人とみなして相続税・贈与税が課税されます。

② 寄附側

NPO法人の場合、一定の要件を満たせば、譲渡所得の非課税措置を適

用することができますが、それ以外の優遇措置は特にありません。

　他方、特例認定 NPO 法人や認定 NPO 法人になると、寄附金優遇が認められることになります。法人の場合は、特定公益増進法人に対する損金算入限度額が認められ、個人の場合は、寄附の所得控除又は税額控除を適用することができます。

　また、特例認定 NPO 法人や認定 NPO 法人の場合、譲渡所得の非課税措置に関して、一般特例だけでなく、承認特例も適用することが可能となります。

　さらに、認定 NPO 法人に関しては、相続した財産を寄附した場合における相続税の非課税措置も適用することができます（措法70⑩）。

【寄附者の税務上の取扱い】

寄附者	税　　制	NPO 法人	特例認定 NPO 法人	認定 NPO 法人
法　　人	損金算入限度額	一般寄附金	一般寄附金とは別に特別損金算入限度額が認められます。	
個　　人	所得控除又は 税額控除	―	適用できます。	
	譲渡所得の 非課税措置 （一般特例）	一定の要件を満たせば適用できます。		
	譲渡所得の 非課税措置 （承認特例）	―	一定の要件を満たせば適用できます。	
	相続税の 非課税措置	―	―	一定の要件を満たせば適用できます。

3 ｜ 一般法人の 運営・会計・税務

1 一般社団法人の運営

（1）一般社団法人の社員

　一般社団法人を設立するためには、社員が 2 名以上必要です。

　一般社団法人の社員となる資格は、定款に定める必要があり（一般法11
①五）、社員資格に関しては自由に設定することが可能です。また、社員
の議決権は原則として 1 社員 1 議決権ですが、定款で異なる定めをおく
ことも可能です（一般法48①）。

【一般社団法人の社員について】

項　　目	取扱い
設立時の数	2 名以上必要です。
入会資格	自由に設定することが可能です。
総会の議決権	原則として 1 社員 1 議決権ですが、定款上、異なる定めをおくこともできます。

（2）一般社団法人の機関設計

　一般社団法人の機関は次のとおりであり、機関設計のパターンは 5 つ
あります。

【一般社団法人の機関】

機　関	内　容
社員総会	社員から構成される最高意思決定機関
理　事	法人運営を行う役員
理事会	理事から構成される法人運営の意思決定機関
監　事	理事の職務執行や決算を監査する役員
会計監査人	会計監査を行う公認会計士・監査法人

【一般社団法人の機関設計のパターン】

1	社員総会＋理事
2	社員総会＋理事＋監事
3	社員総会＋理事＋監事＋会計監査人
4	社員総会＋理事＋理事会＋監事
5	社員総会＋理事＋理事会＋監事＋会計監査人

（3）一般社団法人の理事

　理事は、法人運営を行う役員であり、社員総会で選任します（一般法63①）。理事の役割は、理事会設置一般社団法人か否かで異なります。

　まず、理事会非設置一般社団法人の場合、理事は、原則として代表権を有していますが、代表権を有する理事を限定することもできます（一般法77）。なお、理事会非設置一般社団法人の理事は、1名でも問題ありません（一般法60①）。

　一方、理事会設置一般社団法人の場合、理事の中から法人の代表となる代表理事や業務を執行する業務執行理事を選定します（一般法90③、91①二）。代表理事の選定は必須ですが、業務執行理事の選定は任意です。代表理事・業務執行理事以外の理事は、理事会の構成員として理事会の意思決定に参加し、理事会を通じて他の理事の職務執行を監督する役割を担っています。なお、理事会設置一般社団法人は、理事会を構成するため、最低でも3名以上必要となります（一般法65③）。理事は使用人と兼職することはできますが、監事と兼職することはできません（一般法65②）。

　理事の任期は原則として、選任後2年以内に終了する事業年度のうち最終のものに関する定時社員総会の終結の時までです。ただし、定款又は社員総会の決議によって、その任期を短縮することができます（一般法66）。

　役員報酬を支給する場合は、定款又は社員総会の決議が必要となりますが、報酬を支給すること自体は自由に行うことができます（一般法89）。

　なお、一般法には、NPO法人や公益法人のような理事の構成割合の要件はありませんが、法人税法上の非営利型法人を選択する場合は、親族等

の構成割合要件があるため、留意する必要があります（法令3①四、3②七）。

【一般社団法人の理事について】

項　目	取扱い
理事の種類	（理事会非設置一般社団法人の場合） ・原則としてすべての理事が代表権を有する理事 （理事会設置一般社団法人の場合） ・法人の代表となる代表理事 ・業務を執行する業務執行理事 ・それ以外の理事
理事の選任	社員総会で選任します。
理事の定数	定数は定款の定めによりますが、理事会設置一般社団法人の場合は、最低でも3名以上となります。
理事の兼職	使用人と兼職することはできますが、監事と兼職することは認められていません。
役員の構成 （法人税法上の 非営利型法人）	法人税法上の非営利型法人の要件を満たすためには、各理事について、当該理事及び当該理事の配偶者又は三親等以内の親族その他の当該理事と財務省令で定める特殊の関係のある者である理事の合計数の理事の総数のうちに占める割合が3分の1以下であることが必要です。
役員の任期	原則として、選任後2年以内に終了する事業年度のうち最終のものに関する定時社員総会の終結の時までです。
役員報酬	定款又は社員総会の決議によって支払うことができます。

（4）一般社団法人の監事

　監事は、理事会に出席し、理事の職務執行や決算の監査を行う役員であり、社員総会で選任します（一般法63①）。

　理事会設置一般社団法人や会計監査人設置一般社団法人の場合、監事を置くのが必須となりますが、それ以外の法人であれば、監事の設置は任意となります（一般法61）。監事は、監査を行う立場のため、理事や使用人と兼職することはできません（一般法65②）。

　監事の任期は原則として、選任後4年以内に終了する事業年度のうち最終のものに関する定時社員総会の終結の時までです。ただし、定款によって、その任期を選任後2年以内に終了する事業年度のうち最終のも

のに関する定時社員総会の終結の時まで短縮することができます（一般法67①）。理事との役員改選時期を合わせる観点から、選任後2年以内に終了する事業年度のうち最終のものに関する定時社員総会の終結の時までとしているケースがよく見られます。

　役員報酬を支給する場合は、定款又は社員総会の決議が必要となりますが、報酬を支給すること自体は自由に行うことができます（一般法105）。

【一般社団法人の監事について】

項　目	取扱い
監事の選任	社員総会で選任します。
監事の定数	理事会設置一般社団法人や会計監査人設置一般社団法人の場合、監事を設置するのが必須となります。定数は定款の定めによりますが、設置する場合は1名以上であれば問題ありません。
監事の兼職	理事や使用人と兼職することは認められていません。
監事の任期	原則として、選任後4年以内に終了する事業年度のうち最終のものに関する定時社員総会の終結の時までですが、定款によりその任期を選任後2年以内に終了する事業年度のうち最終のものに関する定時社員総会の終結の時まで短縮することができます。
役員報酬	定款又は社員総会の決議によって支払うことができます。

（5）一般社団法人の理事会運営

　理事会は、法人運営に関する意思決定を行い、理事の職務執行の監督を行う機関です（一般法90②）。理事会の運営は、一般法及び定款の定めに従って行うことになります。一般社団法人における理事会の主な決議事項は、次のとおりです。

【理事会の主な決議事項】

1	決算承認　（一般法124③）
2	社員総会の招集事項の決定　（一般法38②）
3	代表理事の選定及び解職　（一般法90②三）
4	業務執行理事の選定　（一般法91①二）
5	重要な財産の処分及び譲受け　（一般法90④一）
6	多額の借財　（一般法90④二）
7	重要な使用人の選任及び解任　（一般法90④三）
8	その他重要な業務執行の決定　（一般法90④）

　一般社団法人の理事会の運営にあたっては、決議事項のほか、次の点にも留意する必要があります。

【理事会運営上の主な留意点】

項　目	内　容
理事会の招集 （一般法94①）	理事会の招集は、理事会を招集する者が、原則として理事会の日の1週間（これを下回る期間を定款で定めた場合にあっては、その期間）前までに招集通知を発する必要があります。なお、招集通知の方法は、口頭・電話・書面・メール等どの方法でも問題ありません。
理事会の代理人出席	認められていません。
理事会の書面決議	認められていません。
監事の出席義務 （一般法101①）	監事は理事の職務執行を監査する立場にあるため、理事会へ出席する義務があります。
理事会の決議事項	代表理事や業務執行理事の選定、重要な財産の処分及び譲受け、多額の借財、重要な使用人の選任及び解任等、その他重要な業務執行を決議します。 なお、社員総会と異なり、通知した議題に限らず、当日に議題を追加することもできます。
理事会の決議の省略 （一般法96）	理事が理事会の決議の目的である事項について提案をした場合において、当該提案につき、理事（当該事項について議決に加わることができるものに限る。）の全員が書面又は電磁的記録により同意の意思表示をしたとき（監事が当該提案について異議を述べたときを除く。）は、当該提案を可決する旨の理事会決議があったものとみなします。なお、当該理事会の決議の省略を行うためには、その旨を定款で定めておく必要があります。

代表理事・業務執行理事の職務執行報告 （一般法91②）	代表理事及び業務執行理事は、原則として3ヵ月に1回以上、自己の職務の執行の状況を理事会に報告しなければなりません。 ただし、定款において毎事業年度に4ヵ月を超える間隔で2回以上に変更することも可能です。
理事会の報告の省略 （一般法98）	理事、監事又は会計監査人が理事及び監事の全員に対して理事会に報告すべき事項を通知したときは、当該事項を理事会へ報告することを省略することができます。ただし、当該報告の省略規定を代表理事・業務執行理事の職務執行報告に適用することはできません。

（6）一般社団法人の社員総会運営

　社員総会は、一般社団法人における最高意思決定機関であり、1年に1回は開催する必要があります（一般法36①）。理事会を設置していない場合は、一切の事項について決議することができますが（一般法35①）、理事会設置一般社団法人の場合は、法律及び定款で定めた事項に限り決議することができます（一般法35②）。社員総会の主な決議事項は、次のとおりです。

【社員総会の主な決議事項】

1	決算承認　（一般法126②）
2	役員の選任・解任　（一般法63①、70①）
3	役員の報酬　（一般法89、一般法105①）
4	社員の除名　（一般法30①）
5	基金の返還　（一般法141①）
6	定款の変更　（一般法146）
7	解散　（一般法148三）

　一般社団法人の社員総会の運営にあたっては、決議事項のほか、次の点にも留意する必要があります。

【社員総会運営上の主な留意点】

項　目	内　容
社員総会の招集 （一般法39）	社員総会の招集通知は、原則として1週間前までに発送します。ただし、書面等による議決権の行使を社員総会の招集事項として定めた場合は2週間前までに発送する必要があります。 なお、理事会設置一般社団法人や書面等による議決権行使を定めた場合については、書面（又は社員の承諾を得た場合は電磁的方法）にて通知する必要があります。
議決権の代理行使 （一般法50）	認められています。
書面等による議決権行使 （一般法51、52）	社員総会の招集事項として定めた場合は、書面等による議決権の行使が可能です。
理事・監事の説明義務 （一般法53）	理事・監事は、社員総会において社員からの説明を求められた場合、説明する義務があるため、社員総会に出席する必要があります。
決議事項	役員の選任・解任、決算承認、定款変更等、法人の重要意思決定を行います。 なお、理事会設置一般社団法人の場合、社員総会の決議事項は、原則として事前に通知した事項に限られます（一般法49③）。
社員総会参考書類及び 議決権行使書面の交付等 （一般法41、42）	書面等による議決権行使を認める場合には、招集通知の発送に際して、議決権の行使について参考となる書類を交付する必要があります。
計算書類等の提供 （一般法125）	理事会設置一般社団法人の場合、定時社員総会の招集通知の際に計算書類等を社員に提供する必要があります。

（7）一般社団法人の基金

　一般社団法人には、資金調達手段としての基金という制度があります。基金とは、出資が存在せず、設立時に財産の拠出が義務づけられていない社団法人において、独自に認められている資金調達の制度です。

　なお、「基金」という用語には留意が必要です。よく公益法人や一般法人において、「○○基金」という資金積立を行っているケースが見受けられますが、このような資金積立の名称として使用している「○○基金」は、資金調達手段としての法律上の「基金」とはまったく異なるものです。用語は似ていますが、両者の意味は異なるため留意が必要です。

【資金調達手段としての法律上の基金と任意の積立名称としての○○基金】

貸借対照表

| 資　産 | 資金調達＝債務 |

任意の
資金積立 → ○○基金   基　金 ← 法律上の資
金調達手段

　基金は、資金調達の手段であり、一種の債務といえますが、他方で出資に近いような性格も有しています。そのため、決算書上の表示は、負債の部ではなく、純資産の一部として表示することになります。また、基金には利息を付すことができず、基金を返還しようとする場合には一定の制約を受けます。基金の主な特徴をまとめると次のとおりです。

【基金の主な特徴】

1	基金制度を利用するためには、定款の定めが必要です（一般法131）。
2	基金に利息を付けることはできません（一般法143）。
3	基金の返還は、定時社員総会の決議で行います（一般法141①）。 なお、返還にあたっては、限度額があります（一般法141②）。
4	基金を返還する際は、返還する基金に相当する代替基金を計上する必要があります（一般法144）。
5	基金は債務の一部ですが、決算書上は純資産の一部として表示します（一般法施行規則31①）。代替基金についても同様です。
6	法人が清算する場合、他の債務が弁済された後でなければ、基金を返還することはできません（一般法236）。

【基金の貸借対照表上の表示】

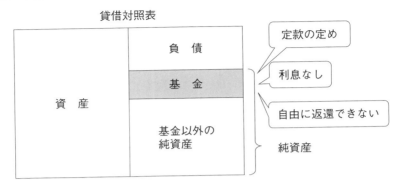

貸借対照表

（8）一般社団法人が解散した場合における残余財産の帰属

　法人が解散した場合における残余財産の帰属は、まず、第一に定款の定めによりますが（一般239①）、定款の定めがない場合は、社員総会の決議で定めることができます（一般法239②）。そして、社員総会の決議でも定まらない場合は、国庫に帰属します（一般法239③）。

2　一般財団法人の運営

（1）一般財団法人の評議員

　一般財団法人には、一般社団法人のような法人の構成員（社員）がいません。そのため、一般財団法人においては、一般社団法人の社員総会に相当する機関の代わりとして、評議員会という最高意思決定機関が設けられています。そして、評議員会の構成員のことを評議員といいます。

　評議員の選任方法は法律に定めがないため、一般的には、評議員会が評議員を選任する方法や中立的機関において選任する方法が多いと思われます。なお、理事又は理事会が評議員を選任することは認められていません（一般法153③一）。評議員は、最低でも3名以上選任する必要があり、理事・監事・使用人との兼職は認められていません（一般法173②、③）。

評議員の任期は原則として、選任後4年以内に終了する事業年度のうち最終のものに関する定時評議員会の終結の時までです。ただし、定款によって、その任期を選任後6年以内に終了する事業年度のうち最終のものに関する定時評議員会の終結の時まで伸長することができます（一般法174①）。役員報酬を支給する場合は、その額を定款に定める必要があります（一般法196）。

【一般財団法人の評議員について】

項　目	取扱い
評議員の選任	評議員会や中立的機関で選任します。
評議員の定数	定数は定款の定めによりますが、最低でも3名以上となります。
評議員の兼職	理事や監事、使用人と兼職することは認められていません。
評議員の任期	評議員の任期は原則として、選任後4年以内に終了する事業年度のうち最終のものに関する定時評議員会の終結の時までですが、定款によって、その任期を選任後6年以内に終了する事業年度のうち最終のものに関する定時評議員会の終結の時まで伸長することができます。
役員報酬	定款で定めれば支払うことができます。

（2）一般財団法人の機関設計

　一般財団法人の機関は次のとおりであり、機関設計のパターンは2つしかありません。

【一般財団法人の機関】

機　関	内　容
評議員	最高意思決定機関である評議員会の構成員
評議員会	評議員から構成される財団法人の最高意思決定機関
理　事	法人運営を行う役員
理事会	理事から構成される法人運営の意思決定機関
監　事	理事の職務執行や決算を監査する役員
会計監査人	会計監査を行う公認会計士・監査法人

【一般財団法人の機関設計のパターン】

1	評議員＋評議員会＋理事会＋理事＋監事
2	評議員＋評議員会＋理事会＋理事＋監事＋会計監査人

（3）一般財団法人の理事

　理事は法人運営を行う役員であり、評議員会で選任します（一般法177、63①）。一般財団法人の場合、理事の中から法人の代表となる代表理事や業務を執行する業務執行理事を選定します（一般法197、90③、91①二）。代表理事の選定は必須ですが、業務執行理事の選定は任意です。代表理事・業務執行理事以外の理事は、理事会の構成員として理事会の意思決定に参加し、理事会を通じて他の理事の職務執行を監督する役割を担っています。なお、一般財団法人は、理事会を構成するため、最低でも3名以上必要となります（一般法177、65③）。理事は使用人と兼職することは可能ですが、監事や評議員と兼職することはできません（一般法177、65②、173②）。

　理事の任期は原則として、選任後2年以内に終了する事業年度のうち最終のものに関する定時評議員会の終結の時までです。ただし、定款によって、その任期を短縮することができます（一般法177、66）。

　役員報酬を支給する場合は、定款又は評議員会の決議が必要となりますが、報酬を支給すること自体は自由に行うことができます（一般法197、89）。

　なお、一般法には、NPO法人や公益法人のような理事の構成割合の要件はありませんが、法人税法上の非営利型法人を選択する場合は、親族等の構成割合要件があるため留意する必要があります（法令3①四、3②七）。

【一般財団法人の理事について】

項　目	取扱い
理事の種類	・法人の代表となる代表理事 ・業務を執行する業務執行理事 ・それ以外の理事
理事の選任	評議員会で選任します。

理事の定数	定数は定款の定めによりますが、最低でも３名以上となります。
理事の兼職	使用人と兼職することができますが、監事や評議員と兼職することは認められていません。
役員の構成 （法人税法上の 非営利型法人）	法人税法上の非営利型法人の要件を満たすためには、各理事について、当該理事及び当該理事の配偶者又は三親等以内の親族その他の当該理事と財務省令で定める特殊の関係のある者である理事の合計数の理事の総数のうちに占める割合が３分の１以下であることが必要です。
役員の任期	原則として、選任後２年以内に終了する事業年度のうち最終のものに関する定時評議員会の終結の時までです。
役員報酬	定款又は評議員会の決議によって支払うことができます。

（4）一般財団法人の監事

　監事は理事会に出席し、理事の業務執行や決算の監査を行う役員であり、評議員会で選任します（一般法177、63①）。

　監事の任期は原則として、選任後４年以内に終了する事業年度のうち最終のものに関する定時評議員会の終結の時までです。ただし、定款によって、その任期を選任後２年以内に終了する事業年度のうち最終のものに関する定時評議員会の終結の時まで短縮することができます（一般法177、67①）。理事との役員改選時期を合わせる観点から、選任後2年以内に終了する事業年度のうち最終のものに関する定時評議員会の終結の時までとしているケースがよく見られます。

　役員報酬を支給する場合は、定款又は評議員会の決議が必要となりますが、報酬を支給すること自体は自由に行うことができます（一般法197、105）。

【一般財団法人の監事について】

項　目	取扱い
監事の選任	評議員会で選任します。
監事の定数	定数は定款の定めによりますが、１名以上であれば問題ありません。
監事の兼職	理事や評議員、使用人と兼職することは認められていません。

監事の任期	原則として、選任後4年以内に終了する事業年度のうち最終のものに関する定時評議員会の終結の時までですが、定款によりその任期を選任後2年以内に終了する事業年度のうち最終のものに関する定時評議員会の終結の時まで短縮することができます。
役員報酬	定款又は評議員会の決議によって支払うことができます。

（5）一般財団法人の理事会運営

　理事会は、法人運営に関する意思決定を行い、理事の職務執行の監督を行う機関です（一般法197、90②）。理事会の運営は、一般法及び定款の定めに従って行うことになります。一般財団法人における理事会の主な決議事項は、次のとおりです。

【理事会の主な決議事項】

1	決算承認　（一般法199、124③）
2	評議員会の招集事項の決定　（一般法181）
3	代表理事の選定及び解職　（一般法197、90②三）
4	業務執行理事の選定　（一般法197、91①二）
5	重要な財産の処分及び譲受け　（一般法197、90④一）
6	多額の借財　（一般法197、90④二）
7	重要な使用人の選任及び解任　（一般法197、90④三）
8	その他重要な業務執行の決定　（一般法197、90④）

　一般財団法人の理事会の運営にあたっては、決議事項のほか、次の点にも留意する必要があります。

【理事会運営上の主な留意点】

項　目	内　容
理事会の招集 （一般法197、94①）	理事会の招集は、理事会を招集する者が、原則として理事会の日の1週間（これを下回る期間を定款で定めた場合にあっては、その期間）前までに招集通知を発する必要があります。なお、招集通知の方法は、口頭・電話・書面・メール等どの方法でも問題ありません。
理事会の代理人出席	認められていません。

理事会の書面決議	認められていません。
監事の出席義務 (一般法197、101①)	監事は理事の職務執行を監査する立場にあるため、理事会へ出席する義務があります。
理事会の決議事項	代表理事や業務執行理事の選定、重要な財産の処分及び譲受け、多額の借財、重要な使用人の選任及び解任等、その他重要な業務執行を決議します。 なお、評議員会と異なり、通知した議題に限らず、当日に議題を追加することができます。
理事会の決議の省略 (一般法197、96)	理事が理事会の決議の目的である事項について提案をした場合において、当該提案につき、理事(当該事項について議決に加わることができるものに限る。)の全員が書面又は電磁的記録により同意の意思表示をしたとき(監事が当該提案について異議を述べたときを除く。)は、当該提案を可決する旨の理事会決議があったものとみなします。なお、当該理事会の決議の省略を行うためには、その旨を定款で定めておく必要があります。
代表理事・業務執行理事の職務執行報告 (一般法197、91②)	代表理事及び業務執行理事は、原則として3ヵ月に1回以上、自己の職務の執行の状況を理事会に報告しなければなりません。 ただし、定款において毎事業年度に4ヵ月を超える間隔で2回以上に変更することも可能です。
理事会の報告の省略 (一般法197、98)	理事、監事又は会計監査人が理事及び監事の全員に対して理事会に報告すべき事項を通知したときは、当該事項を理事会へ報告することを省略することができます。ただし、当該報告の省略規定を代表理事・業務執行理事の職務執行報告に適用することはできません。

(6) 一般財団法人の評議員会運営

評議員会は、一般財団法人における最高意思決定機関であり、1年に1回は開催する必要があります(一般法179①)。評議員会の主な決議事項は、次のとおりです。

【評議員会の主な決議事項】

1	決算承認 (一般法199、126②)
2	役員の選任・解任 (一般法176、177、63①)
3	評議員の選任・解任 (中立的機関において選任しているケースもありますが、評議員会で選任・解任する方法を選択しているケースの方が多く見受けられます。)
4	役員の報酬 (一般法197、89、105①)
5	定款の変更 (一般法200)

　一般財団法人の評議員会の運営にあたっては、決議事項のほか、次の点にも留意する必要があります。

【評議員会運営上の主な留意点】

項　目	内　容
評議員会の招集 （一般法182①）	評議員会の招集通知は、原則として1週間前までに発送します。なお、招集通知は、書面（又は評議員の承諾を得た場合は電磁的方法）にて通知する必要があります。
議決権の代理行使	認められていません。
書面等による議決権行使	認められていません。
理事・監事の説明義務 （一般法190）	理事・監事は、評議員会において評議員からの説明を求められた場合、説明する義務があるため、評議員会に出席する必要があります。
決議事項	役員の選任・解任、決算承認、定款変更等、法人の重要意思決定を行います。 なお、評議員会の決議事項は、原則として事前に通知した事項に限られます（一般法189④）。
評議員会の決議の省略 （一般法194）	理事が評議員会の目的である事項について提案をした場合において、当該提案につき評議員（当該事項について議決に加わることができるものに限る。）の全員が書面又は電磁的記録により同意の意思表示をしたときは、当該提案を可決する旨の評議員会の決議があったものとみなします。
評議員会の報告の省略 （一般法195）	理事が評議員の全員に対して評議員会に報告すべき事項を通知した場合において、当該事項を評議員会に報告することを要しないことにつき評議員の全員が書面又は電磁的記録により同意の意思表示をしたときは、当該事項の評議員会への報告があったものとみなします。
計算書類等の提供 （一般法199、125）	定時評議員会の招集通知の際に計算書類等を評議員に提供する必要があります。

（7）一般財団法人が解散した場合における残余財産の帰属

　法人が解散した場合における残余財産の帰属は、まず、第一に定款の定めによりますが（一般法239①）、定款の定めがない場合は、評議員会の決議で定めることができます（一般法239②）。そして、評議員会の決議でも定まらない場合は、国庫に帰属します（一般法239③）。

3　公益目的支出計画実施中の一般法人（移行法人）の運営

（1）行政庁の監督を受ける移行法人とは

　一般法人には、平成20年12月１日以降に新規設立された法人と旧民法法人（社団法人・財団法人）から一般法人に移行してきた法人の２つがあります。

　新規設立された法人に関しては、公益法人制度上の監督を受けることはありません。他方、旧民法法人から一般法人に移行してきた法人に関しては、旧来の公益法人の時の時価純資産相当額がゼロになるまで、行政庁の監督を受けることになります。このように行政庁の監督を受ける一般法人のことを整備法上、移行法人といいます（整備法123①）。

（2）公益目的支出計画と公益目的支出計画実施報告書

　移行法人は、旧民法法人の時の時価純資産相当額（公益目的財産額）だけ公益的な支出を行わなければなりません。当該支出の計画のことを公益目的支出計画といいます。

　公益的な支出とは、実施事業等による赤字額のことをいい、実施事業等とは、公益的な事業や特定寄附のことをいいます。公益的な事業に関しては、認定法上の公益目的事業に該当するような事業や旧民法法人時から継続的に行っている公益的な事業（継続事業）が該当します。

【公益目的支出に該当するもの】

実施事業	公益目的事業	認定法上の公益目的事業
	継続事業	旧民法法人時から継続的に行っている公益的な事業
特定寄附		認定法第５条第17号に規定する者に対する寄附

　公益目的支出計画のイメージは、次のとおりです。公益目的支出の累積赤字額が公益目的財産額に達するまで支出を行う必要があります。

【公益目的支出計画のイメージ】

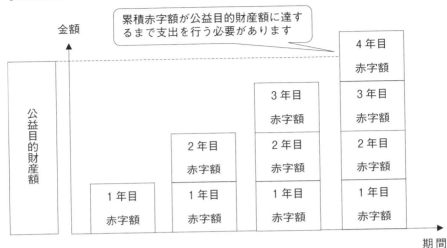

移行法人は、公益目的支出計画の実施状況を明らかにするため、毎事業年度終了後3ヵ月以内に公益目的支出計画実施報告書を作成し、行政庁に提出する必要があります（整備法127①、③）。

なお、累積赤字額が公益目的財産額に達した法人は、行政庁に対して公益目的支出計画が完了したことの確認を求めることになります（整備法124）。

（3）移行法人における変更手続

移行法人は、行政庁への申請内容を変更する場合、行政庁に対して変更手続を行う必要があります。変更手続には、変更認可と変更届出の2つがあります。

変更届出は行政庁に届け出るだけの手続ですが、変更認可は、移行認可の審査時と同じような申請書類を作成し、事前に行政庁の審査を受ける手続となります。

【移行法人の変更手続とその代表例】

	変更認可（整備法125①）	変更届出（整備法125③）
内　容	変更前にあらかじめ行政庁の認可を受ける手続	変更後に遅滞なく行政庁へ届け出る手続 ただし、収支の見込みの変更については、あらかじめ届け出る必要があります。
代表例	・実施事業等の内容の変更 ・公益目的支出計画の完了年月日の変更	・代表者の変更 ・法人名称、住所の変更 ・収支の見込みの変更 ・許認可等の変更

（4）移行法人が公益法人となった場合

　移行法人が公益法人となった場合、公益目的支出計画が完了したことの確認を受けたものとみなされ、今後は公益目的支出を行う必要がなくなります（整備法132①）。

4　一般法人の会計

（1）決算書の種類

　一般法人の計算書類は、貸借対照表と損益計算書です（一般法123②）。貸借対照表とは、事業年度末日時点の資産・負債・正味財産の状況を表す決算書です。一方、損益計算書とは、一般法人の事業年度における損益状況を表す決算書であり、公益法人会計基準上は、正味財産増減計算書と呼んでいます。計算書類を作成する際には、附属明細書や計算書類の補足説明資料となる注記も作成します。

【一般法人の決算書】

1	貸借対照表
2	損益計算書（正味財産増減計算書）
3	注　記
4	附属明細書

（2）区分経理の要否

① 会計上の区分経理

　一般法人のうち、公益目的支出計画実施中の移行法人に関しては、公益目的支出の金額を明らかにするために、区分経理が必要となります。具体的には、実施事業等会計とその他会計（実施事業以外の事業）と法人会計（管理）の会計区分単位で区分経理し、さらに実施事業等会計、その他会計が複数の事業で構成されている場合には、細分化された事業区分単位で区分経理する必要があります。なお、区分経理が必要となるのは、正味財産増減計算書です。貸借対照表については、区分経理をせずに実施事業資産を注記する方法でも問題ありません（FAQ X-4-②）。

　他方、移行法人以外の一般法人に関しては、行政の監督下にないため、会計上の区分経理は必須ではありません。

【一般法人の会計上の区分経理】

法　人	区分経理
移行法人となる一般法人	公益目的支出計画の観点から、正味財産増減計算書の区分経理（実施事業等会計、その他会計、法人会計の区分経理）が必要となります。なお、貸借対照表については、実施事業資産を注記する方法でも問題ありません。
移行法人以外の一般法人	区分経理は必須ではありません。

② 法人税法上の区分経理

　一般法人の場合、法人税法上の非営利型法人に該当するか否かで課税所得の範囲が変わり、それに応じて区分経理の要否が異なります。

　まず、非営利型法人の一般法人の場合、収益事業課税となります。そのため、法人税法上の収益事業を行っている非営利型法人は、法人税法上の収益事業がわかる決算書が必要となります。

　すべての事業が収益事業に該当する場合は、会計上の決算書をそのまま税務申告用の決算書に使うことができるため、改めて区分経理する必要はありません。他方、法人税法上の収益事業と収益事業以外の事業がある場合は、

法人税法上の収益事業と収益事業以外の事業に区分経理する必要があります。

　移行法人の場合、公益目的支出計画の観点から実施事業等会計、その他会計、法人会計に区分経理を行うことになりますが、法人税法上の区分経理の単位と公益目的支出計画の観点から行う区分経理の単位は、イコールではありません。そのため、会計上の区分経理とは別に改めて法人税法上の区分経理も行う必要があります。

　また、会計上の区分経理においては、実施事業資産の注記の方法を採用すれば、貸借対照表の区分経理は不要となりますが、法人税法上の区分経理においては、貸借対照表も区分経理する必要があります。

　一方、非営利型法人以外の法人の場合、全所得課税となり、会計上の決算書をそのまま税務申告用の決算書に使うことができるため、改めて区分経理する必要はありません。

【一般法人における法人税法上の区分経理の要否】

ケース別			法人税法上の区分経理
非営利型法人	法人税法上の収益事業を行っていない場合		法人税申告が不要なため、法人税法上の区分経理は不要です。
	法人税法上の収益事業を行っている場合	すべての事業が収益事業に該当する場合	会計上の決算書をそのまま法人税申告用の収益事業の決算書として使うことができるため、法人税法上の区分経理は不要です。
		収益事業と収益事業以外の事業がある場合	法人税申告のために収益事業と収益事業以外の事業に区分経理する必要があります。 移行法人の場合、公益目的支出の観点から会計上の区分経理を行っていますが、法人税法上の区分経理の単位と会計上の区分経理の単位はイコールとは限らないため、会計上の区分経理の単位とは別に区分経理を行う必要があります。なお、区分経理においては、貸借対照表の区分経理も必要となります。
非営利型法人以外の法人			会計上の決算書をそのまま法人税申告用の決算書として使うことができるため、法人税法上の区分経理は不要です。

5　一般法人の税務

（1）一般法人の法人税

① 非営利型法人と課税所得の範囲

　一般法人の法人税法上の法人区分は、非営利型法人と非営利型法人以外の法人の2つに分かれます。非営利型法人は、法人税法上の公益法人等に該当し、収益事業課税となります。他方、非営利型法人以外の法人は、法人税法上の普通法人に該当し、全所得課税となります。

【一般法人の区分と法人税法上の取扱い】

一般法人の区分	法人税法上の法人区分	課税所得の範囲
非営利型法人	公益法人等	収益事業課税
非営利型法人以外の法人	普通法人	全所得課税

　非営利型法人は収益事業課税であるため、法人税法上の収益事業を行っている場合は法人税申告が必要となり、地方税である法人事業税及び法人住民税の申告も必要となります。法人税法上の収益事業を行っていない場合は、法人税申告が不要となり、地方税である法人事業税及び法人住民税の法人税割も課税されません。

　なお、法人税申告が不要な場合であっても、法人住民税均等割については申告・納税が必要となりますが、法人税法上の収益事業を行っていない非営利型法人の場合、自治体によっては減免申請を行うことで、当該均等割が減免されるケースもあります。

　他方、非営利型法人以外の法人は全所得課税となるため、法人税申告が必要となり、地方税である法人事業税及び法人住民税の申告も必要となります。

② 非営利性が徹底された法人と共益的活動を目的とする法人

　非営利型法人には、「非営利性が徹底された法人」と「共益的活動を目的とする法人」の２つの類型があり、いずれかの法人類型に該当する場合は非営利型法人となります。

　非営利性が徹底された法人となるためには、次の４つの要件をすべて満たす必要があります。

【非営利性が徹底された法人の要件（法法２九のニイ、法令３①）】

1	剰余金の分配を行わないことを定款に定めていること。
2	解散したときは、残余財産を国・地方公共団体や一定の公益的な団体に贈与することを定款に定めていること。
3	上記１及び２の定款の定めに違反する行為（上記１、２及び下記４の要件に該当していた期間において、特定の個人又は団体に特別の利益を与えることを含む。）を行うことを決定し、又は行ったことがないこと。
4	各理事について、理事とその理事の親族等である理事の合計数が、理事の総数の３分の１以下であること。

　共益的活動を目的とする法人となるためには、次の７つの要件をすべて満たす必要があります。

【共益的活動を目的とする法人の要件（法法２九のニロ、法令３②）】

1	会員に共通する利益を図る活動を行うことを目的としていること。
2	定款等に会費の定めがあること。
3	主たる事業として収益事業を行っていないこと。
4	定款に特定の個人又は団体に剰余金の分配を行うことを定めていないこと。
5	解散したときにその残余財産を特定の個人又は団体に帰属させることを定款に定めていないこと。
6	上記１から５まで及び下記７の要件に該当していた期間において、特定の個人又は団体に特別の利益を与えることを決定し、又は与えたことがないこと。
7	各理事について、理事とその理事の親族等である理事の合計数が、理事の総数の３分の１以下であること。

　非営利型法人となるか否かは、上記の要件にすべて該当するか否かによって判定するものであり、届出や申請等の特段の手続を踏む必要はありません。

③ 法人区分が変更となる場合

一般法人においては、非営利型法人の要件の充足状況によって、非営利型法人が非営利型法人以外の法人になったり、非営利型法人以外の法人が非営利型法人になったりする場合があります。そのような場合においては、法人税法上、所要の調整が必要となります。

【法人区分が変更となる場合の所要の調整】

所要の調整	内　　容
みなし事業年度	法人区分が異なると課税所得計算の範囲も異なるため、事業年度を区分する必要があります。 具体的には、「定款で定めた事業年度開始の日からその該当することとなった日の前日までの期間」と「その該当することとなった日から定款で定めた事業年度終了の日までの期間」をそれぞれ1事業年度とする必要があります（法法14①二十、法基通1-2-6）。
非営利型法人以外の法人が非営利型法人となる場合	普通法人である非営利型法人以外の法人が非営利型法人に該当することとなる場合には、普通法人の時の課税関係を一度、清算することになります。具体的には、その該当することとなる日の前日にその普通法人が解散したものとみなし、その該当することとなった日にその公益法人等が設立されたものとみなして、一定の法人税に関する法令の規定等を適用することとなります（法法10の3）。 非営利型法人以外の法人のときに生じた繰越欠損金は、非営利型法人では使用できなくなるため留意が必要です。
非営利型法人が非営利型法人以外の法人となる場合	非営利型法人が非営利型法人以外の法人となる場合は、最初から全所得課税の非営利型法人以外の法人であった場合と同じ結果となるように、過去に遡って累積で課税されることになります（累積所得課税）。 すなわち、過去の収益事業以外の事業から生じた所得金額の累計額又は欠損金額の累計額を益金の額又は損金の額に算入することになります（法法64の4）。

【累積所得課税の計算】

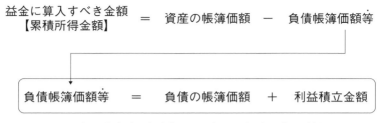

※マイナス（累積欠損金額）の場合は、損金の額に算入します。

　累積所得課税は、今まで課税されてこなかった過去の寄附金収入や会費収入等について累積で課税されることになるため、金額的な影響が大きくなる可能性が高くなります。そのため、非営利型法人で運営していた法人が、非営利型法人の要件に抵触し、非営利型法人以外の法人になるような事態は絶対に避けるべき事態といえます。

　なお、公益目的支出計画実施中の法人（移行法人）の場合、累積所得課税の計算から税務上の公益目的財産残額（修正公益目的財産残額）を控除することができますが（法法64の4③、法令131の5①三）、当該控除を行った場合は、その後の公益目的支出について損金不算入の制限を受けることになるため留意が必要です（法令131の5⑤）。

（2）一般法人の消費税

　一般法人が消費税を一般課税で計算する場合において、特定収入割合が5％超となるときは、特定収入に係る課税仕入れを調整計算する必要があります。

（3）一般法人の寄附に対する税務

① 一般法人側

a．非営利型法人の場合

　非営利型法人は収益事業課税であるため、受取寄附に対して法人税は課

税されません。また、寄附は対価性がないため、消費税も課税されません。なお、消費税に関しては、金銭等による収入の場合、特定収入となります。

　また、一般法人は持分の定めのない法人であるため、個人からの寄附に関して、相続税・贈与税の租税回避防止規定の適用があります。そのため、当該寄附によって、寄附した者の親族等の相続税又は贈与税の負担が不当に減少する結果となると認められるときは、一般法人を個人とみなして相続税・贈与税が課税されます（相法66④）。

【非営利型法人が寄附を受けた際の税務上の取扱い】

税　目	税務上の取扱い
法人税	課税されません。
消費税	課税されません。
相続税・贈与税	個人からの寄附に関しては、寄附した者の親族等の相続税又は贈与税の負担が不当に減少する結果となると認められるときは、一般法人を個人とみなして相続税・贈与税が課税されます。

b．非営利型法人以外の法人の場合

　非営利型法人以外の法人は全所得課税であるため、受取寄附であっても法人税が課税されます。他方、寄附は対価性がないため、消費税は課税されません。なお、消費税に関しては、金銭等による収入の場合、特定収入となります。

　また、一般法人は持分の定めのない法人であるため、個人からの寄附に関して、相続税・贈与税の租税回避防止規定の適用があります。そのため、当該寄附によって、寄附した者の親族等の相続税又は贈与税の負担が不当に減少する結果となると認められるときは、一般法人を個人とみなして相続税・贈与税が課税されます（相法66④）。

　特に非営利型法人以外の法人である一般法人に関しては、不当減少か否かの判定要件が非営利型法人の場合よりも厳しいため、相続税・贈与税が課税される可能性が高いといえます。

仮に相続税・贈与税が課税される場合は、法人税と相続税・贈与税の二重課税を回避するため、相続税・贈与税の計算上は、当該寄附による法人税等相当額を控除して計算します（相令33①）。

【非営利型法人以外の法人が寄附を受けた際の税務上の取扱い】

税　目	税務上の取扱い
法人税	課税されます。
消費税	課税されません。
相続税・贈与税	個人からの寄附に関しては、寄附した者の親族等の相続税又は贈与税の負担が不当に減少する結果となると認められるときは、一般法人を個人とみなして相続税・贈与税が課税されます。 不当減少に該当しないためには、相続税法施行令第33条第4項の要件をすべて満たした上で、さらに相続税法施行令第33条第3項で判定するため、非営利型法人よりも厳しい判定となり、課税される可能性が高いといえます。 なお、相続税・贈与税が課税される場合は、相続税・贈与税の計算上、法人税等相当額を控除することができます。

② 寄附側

非営利型法人のうち非営利性が徹底された法人の場合、一定の要件を満たせば、譲渡所得の非課税措置（一般特例）を適用することができますが、それ以外の優遇措置は特にありません。

【寄附者の税務上の取扱い】

寄附者	税　制	非営利型法人		非営利型法人以外の法人
		非営利性が徹底された法人	共益的活動を目的とする法人	
法　人	損金算入限度額	一般寄附金		
個　人	所得控除又は税額控除	―	―	―
	譲渡所得の非課税措置（一般特例）	一定の要件を満たせば適用できます。	―	―
	相続税の非課税措置	―	―	―

4 公益法人の 運営・会計・税務

1 公益法人の運営

（1）一般法及び認定法に準拠した法人運営

① 一般法に準拠した法人運営

　公益法人は一般法人を前提としているため、一般法に準拠して法人運営を行う必要があります。そのため、公益社団法人の場合は理事会設置一般社団法人の法人運営と同様に、公益財団法人の場合は一般財団法人と同様に、一般法に準拠して法人運営を行う必要があります。

【公益法人における一般法に準拠した法人運営】

法　人	一般法上の法人運営
公益社団法人	理事、監事、理事会運営、社員総会運営に関して、理事会設置一般社団法人と同様、一般法に準拠します。
公益財団法人	理事、監事、評議員、理事会運営、評議員会運営に関して、一般財団法人と同様、一般法に準拠します。

② 財務3基準の充足

　公益法人は、公益認定申請時だけでなく、公益認定後も認定基準を充足する必要があります。公益認定基準の中でも、財務3基準（収支相償・公益目的事業比率・遊休財産額の保有制限）は、年度によって変動するため、特に留意が必要です。

　まず、財務3基準を満たすように法人運営するためには、収支予算書段階で財務3基準を満たしておく必要があります。なお、収支予算書段階で財務3基準を満たしていたとしても、予算通りの決算になるとは限りません。そのため、事業年度末近くになったら、改めて財務3基準を満た

すか否か予測してみます。仮に、財務3基準を満たさないと見込まれる場合には、支出規模の調整や資金の積立等の対策を講じる必要があります。

【財務3基準を満たさないと見込まれる場合における対策例】

財務3基準	対策例
収支相償を満たさない （※）	・公益目的事業費の追加支出を行います。 ・公益に係る特定費用準備資金の積立を行います。 ・公益目的保有財産の取得や公益目的保有財産の取得に係る資産取得資金の積立を行います。
公益目的事業比率を満たさない	・公益目的事業費の追加支出を行います。 ・収益事業等の事業費を削減します。 ・管理費を削減します。 ・公益に係る特定費用準備資金の積立を行います。 　なお、収益事業等や管理に係る特定費用準備資金の積立は、逆効果となります。
遊休財産額の保有制限を満たさない	・遊休財産額を減らす観点から、事業費・管理費の追加支出を行います。なお、公益目的事業費の追加支出の場合、遊休財産額の保有上限額も増えるため、より効果が高いといえます。 ・固定資産の取得を行います。 ・特定費用準備資金の積立を行います。なお、公益に係る特定費用準備資金の積立の場合、遊休財産額の保有上限額も増えるため、より効果が高いといえます。 ・資産取得資金の積立を行います。

※第二段階の収支相償に関しては、単年度で満たしていない場合、その理由を明記し、原則として翌事業年度（場合によっては翌々事業年度）には解消する必要があります。

③ 役員の3分の1規定の充足

公益法人は公正・中立的な運営を行う必要があるため、一定のグループが役員に占める割合を3分の1以下に抑えなければなりません。

たとえば、特定の企業が設立した法人や、特定の学校法人が設立した法人、特定の自治体との関連性が深い法人は、他の同一の団体出身の役員が多くなる傾向にあるため、役員改選の都度、3分の1規定に抵触していないかどうか確認する必要があります。

また、類似する関連団体が多い法人や類似する関連学会が多い法人は、それぞれの法人の役員を兼職しているケースが多いため、役員改選の都度、3分の1規定に抵触していないかどうか確認する必要があります。

　なお、他団体における役員改選の時期が、必ずしも公益法人と同じとは限りません。そのため、公益法人が役員改選をしていなくても、他団体の役員改選によって、公益法人との兼職状況に変化が生じ、その結果、3分の1規定に抵触してしまうような状況が生じることもあります。このような事態を避けるため、ある程度の余裕をもって、3分の1規定を満たしている状態にしておくのが望ましいといえます。

（2）定期提出書類と立入検査

　公益法人は、事業年度開始前と事業年度開始後の年2回、行政庁に対して定期提出書類の提出が義務づけられています。

【公益法人の定期提出書類（認定法22①）】

提出時期	提出内容
事業年度開始の日の前日まで	事業計画書、収支予算書、資金調達及び設備投資の見込みを記載した書類
事業年度終了後3ヵ月以内	事業報告等に係る提出書類（財務基準を判定した書類、その基礎資料としての計算書類等）

　事業年度終了後に提出する事業報告等に係る提出書類は、公益認定申請書類の様式とほぼ同様の様式の書類です。公益認定申請書類は、将来の事業計画・予算に基づいて作成する書類ですが、事業報告等に係る提出書類は、実際の事業報告・決算に基づいて作成する書類であり、実績値において財務3基準を充足しているか否かについて報告する書類です。

　なお、公益法人は、概ね3年に1度、行政庁の立入検査を受けることになっています。立入検査においては、事業の実施状況や経理処理の状況、財産の管理状況や議事録の整備状況等について確認を受けることになります。

（3）公益法人における変更手続

　公益法人は、行政庁への申請内容を変更する場合、行政庁に対して変更手続を行う必要があります。変更手続には、変更認定と変更届出の2つがあります。

　変更届出は行政庁に届け出るだけの手続ですが、変更認定は、公益認定（移行認定）の審査時と同じような申請書類を作成し、事前に行政庁の審査を受ける手続となります。

【公益法人の変更手続とその代表例】

	変更認定（認定法11）	変更届出（認定法13）
内　容	変更前にあらかじめ行政庁の認定を受ける手続	変更後に遅滞なく行政庁へ届け出る手続
代表例	・公益目的事業の内容の変更 ・収益事業等の内容の変更	・代表者の変更 ・役員変更 ・定款変更 ・役員報酬基準の変更 ・軽微な事業の変更 ・許認可等の変更

2　公益法人の会計

（1）決算書の種類

　公益法人は、一般法において作成が義務づけられている計算書類のほか、認定法において財産目録の作成も義務づけられています。また、一部の公益法人のみ、キャッシュ・フロー計算書の作成が義務づけられています。

【公益法人の決算書】

1	貸借対照表
2	損益計算書（正味財産増減計算書）
3	注　記
4	附属明細書
5	財産目録
6	キャッシュ・フロー計算書 認定法第5条第12号の規定により、会計監査人を設置する公益法人のみ作成が義務づけられています。

（2）区分経理

① 会計上の区分経理

　公益法人は、原則として区分経理する必要があります。区分経理するにあたっては、公益目的事業会計、収益事業等会計、法人会計の会計区分単位で区分経理する必要があり、さらに公益目的事業会計、収益事業等会計が複数の事業で構成される場合は、正味財産増減計算書上、細分化された事業区分単位で区分経理する必要があります。なお、例外的に公益目的事業会計のみ実施する法人に関しては、法人会計の区分を省略することが可能となりますが、その場合であっても、事業費と管理費の区分は必要となります。

　会計上の区分経理に関しては、まず、正味財産増減計算書の区分経理が必要となります。他方、貸借対照表の区分経理は、収益事業等からの利益の繰入が50％超の法人に限り求められています。また、貸借対照表の区分経理に関しては、会計区分単位（公益目的事業会計、収益事業等会計、法人会計）で行い、事業区分単位で行う必要はありません。

【公益法人における区分経理】

収益事業等の状況		正味財産増減計算書 （会計区分・事業区分）	貸借対照表 （会計区分）
収益事業等がない場合		区分経理が原則ですが、公益目的事業しか行わない法人の場合、会計区分（公益目的事業会計・法人会計）について省略可能となります。ただし、省略した場合であっても、事業費と管理費の区分は必要となります。	区分経理は必須ではありません。
収益事業等がある場合	利益の繰入50％	区分経理が必要です。	区分経理は必須ではありません。ただし、過去に区分経理した場合は継続して区分経理するのが適当とされています。
	利益の繰入50％超	区分経理が必要です。	区分経理が必要です。

② 法人税法上の区分経理

　法人税法上の収益事業を行っている公益法人は法人税申告を行うため、法人税法上の収益事業がわかる決算書が必要となります。公益法人における法人税法上の収益事業の判定に関しては、次の点に留意が必要です。

　まず、公益目的事業であれば、法人税法施行令第5条第1項に掲げられている34事業であっても、法人税法上の収益事業から除外される点です（法令5②一）。すなわち、34事業であっても、公益目的事業に該当すれば収益事業ではなくなります。

　次に、認定法上の収益事業等と法人税法上の収益事業は同じではないという点です。両者の定義は異なるため、認定法上の収益事業等が法人税法上の収益事業に該当するとは限りません。

　認定法上の収益事業等と法人税法上の収益事業の関係は、次のとおりです。

【認定法上の収益事業等と法人税法上の収益事業の関係】

		法人税法施行令	
		34事業に該当する	34事業に該当しない
認定法	公益目的事業	仮に34事業に該当する場合であっても、認定法上の公益目的事業は、収益事業の範囲から除かれます。	課税所得の範囲に含まれません。
	収益事業等	法人税法上の収益事業	仮に認定法上の収益事業等であっても、法人税法上の収益事業ではありません。

　上記のように、法人税法上の区分経理の単位と会計上の区分経理の単位は、イコールとは限りません。そのため、会計上の区分経理とは別に、改めて法人税法上の区分経理も行う必要があります。

　また、会計上の区分経理においては、収益事業等の利益の繰入が50％超でない限り、正味財産増減計算書の区分経理のみで問題ありませんが、法人税法上の区分経理においては、収益事業等の利益の繰入の水準に関係なく、貸借対照表も区分経理する必要があります。

【公益法人における法人税法上の区分経理の要否】

ケース別	法人税法上の区分経理
法人税法上の収益事業を行っていない場合	法人税申告が不要なため、法人税法上の区分経理は不要です。
法人税法上の収益事業を行っている場合	法人税申告のために収益事業と収益事業以外の事業に区分経理する必要があります。法人税法上の区分経理の単位と会計上の区分経理の単位はイコールとは限らないため、会計上の区分経理の単位とは別に区分経理を行う必要があります。なお、区分経理においては、貸借対照表の区分経理も必要となります。

3 公益法人の税務

(1) 公益法人の法人税

　公益法人は収益事業課税であるため、法人税法上の収益事業を行っている場合は、法人税申告が必要となり、地方税である法人事業税及び法人住民税の申告も必要となります。法人税法上の収益事業を行っていない場合は、法人税申告が不要となり、地方税である法人事業税及び法人住民税の法人税割も課税されません。

　なお、法人税申告が不要な場合であっても、通常、法人住民税均等割については申告・納税が必要となりますが、博物館の設置や学術研究を目的とする公益法人の場合は、当該均等割が非課税となります。また、それ以外のケースであっても、収益事業を行っていない公益法人の場合は、自治体によっては減免申請を行うことで、当該均等割が減免されるケースもあります。

　公益法人における収益事業課税は、他の収益事業課税の法人よりも範囲が限定されています。通常、法人税法上の収益事業は、法人税法施行令第5条第1項に掲げられている34事業か否かで判定しますが、公益法人の公益目的事業に関しては、たとえ34事業に該当していたとしても、収益事業から除外されます（法令5②一）。

　公益法人の場合、みなし寄附金を適用することができます。みなし寄附

金とは、収益事業に属する資産のうちから公益目的事業のために支出した金額がある場合、法人内部の振替であるにも関わらず、寄附金とみなして損金算入を認める制度のことです（法法37⑤）。当該みなし寄附金の損金算入限度額は、原則として課税所得の50％ですが（法令73①三イ）、特別限度額が認められているため、利益の繰入を50％超行う法人においては、50％超の部分についても繰入が認められることになります（法令73の2①）。

（2）公益法人の消費税

　公益法人が消費税を一般課税で計算する場合において、特定収入割合が5％超となるときは、特定収入に係る課税仕入れを調整計算する必要があります。

　なお、一定の要件を満たして募集している寄附については、行政庁に申請することにより特定収入から外すことができます。特定収入から外れれば、その分、特定収入割合や調整割合が下がるため、特定収入に係る課税仕入れの調整計算上、有利になります。詳しくは、「**第2章7　寄附金を特定収入としないための確認とは**」をご参照ください。

（3）公益法人の利子等に係る源泉所得税

　公益法人が支払いを受ける一定の利子等に係る源泉所得税は、非課税となります（所法11）。財産運用益が大きい法人にとって、利子等に係る源泉所得税の非課税措置は、大きな税務メリットといえます。

（4）公益法人の寄附に対する税務
① 公益法人側

　公益法人は収益事業課税であるため、受取寄附に対して法人税は課税されません。また、寄附は対価性がないため、消費税も課税されません。なお、消費税に関しては、金銭等による収入の場合、特定収入となります。

　公益法人は持分の定めのない法人であるため、個人からの寄附に関して、

相続税・贈与税の租税回避防止規定の適用があります。そのため、当該寄附によって、寄附した者の親族等の相続税又は贈与税の負担が不当に減少する結果となると認められるときは、公益法人を個人とみなして相続税・贈与税が課税されます（相法66④）。

【公益法人が寄附を受けた際の税務上の取扱い】

税　目	税務上の取扱い
法人税	課税されません。
消費税	課税されません。
相続税・贈与税	個人からの寄附に関しては、寄附した者の親族等の相続税又は贈与税の負担が不当に減少する結果となると認められるときは、公益法人を個人とみなして相続税・贈与税が課税されます。

② 寄附側

公益法人は特定公益増進法人に該当するため、寄附側の優遇措置が認められます。法人の場合は、特定公益増進法人に対する損金算入限度額が認められ、個人の場合は、寄附の所得控除を適用することができます。なお、パブリックサポートテストを満たした公益法人の場合は、個人の寄附の税額控除も選択適用することが可能です。

また、公益法人においては、譲渡所得の非課税措置や相続税の非課税措置も適用することができます。

【寄附者の税務上の取扱い】

寄附者	税　制	取扱い
法　人	損金算入限度額	一般寄附金とは別に特別損金算入限度額が認められます。
個　人	所得控除又は税額控除	所得控除が適用できます。パブリックサポートテストを満たした税額控除対象法人は、税額控除も選択適用できます。
	譲渡所得の非課税措置（一般特例・承認特例）	一定の要件を満たせば適用できます。
	相続税の非課税措置	一定の要件を満たせば適用できます。

非営利団体の
組織変更の実務

　第4章では、非営利団体の組織変更の実務を
ケース別に確認します。

　組織変更にあたっては、まず、組織変更によるメ
リットと組織変更による運営上の規制・制約を検討し、
組織変更するべきか否かを判断することになります。

　組織変更する方針が決まったら、組織変更する
ための手続を押さえておきます。特に法人格が変
更となる組織変更の場合は、新規の法人の設立
と既存の団体の解散・清算が伴うため、それぞれ
の手続を押さえておくことが重要となります。

　最後に、組織変更にあたっては、財産の譲渡・
譲受が行われるため、財産の譲渡側と譲受側のそ
れぞれの税務上の取扱いを確認します。

1 | 任意団体の NPO法人化

1 NPO法人化すべきか否か

　任意団体を NPO 法人化するにあたっては、まず、NPO 法人化することのメリットと、NPO 法人化することによる運営上の規制・制約を比較検討します。

（1）NPO法人化するメリット

　任意団体を NPO 法人化することのメリットとしては、まず、法人格を取得することにより、権利義務関係が明確になるという点が挙げられます。

　法人格があれば、法人名義で銀行口座の開設や登記、契約を行うことが可能となり、代表者の変更・死亡による煩雑な手続やトラブルを避けることができます。また、法人名義で契約することによって、社会的信用性が向上し、結果として補助金や助成金が受けやすくなったり、寄附金や会員を集めやすくなったりすることもあります。

　個人から寄附を受ける際、任意団体の場合は、相続税法第66条第1項の規定により任意団体を個人とみなして相続税・贈与税が課税されることになりますが、NPO 法人の場合は、不当減少と認められない限り、贈与税・相続税が課税されることはありません。

【任意団体の NPO 法人化のメリット】

1	法人名義で銀行口座の開設や登記、契約を行うことが可能となります。
2	社会的信用性が向上します。
3	個人からの寄附に対する相続税・贈与税の課税リスクが減少します。

また、NPO法人化すれば、一定の要件を満たした現物寄附に関して、譲渡所得の非課税措置を適用することが可能となります。さらに、認定NPO法人の要件を満たす可能性がある団体の場合は、認定NPO法人となることで、寄附金優遇税制や相続税の非課税措置を適用することが可能となり、より寄附を集めやすくなるといえます。

（2）NPO法人化による運営上の規制・制約

　任意団体は法律に基づかない団体であるため、自由な団体運営が可能です。他方、NPO法人は法律に基づく法人であるために、法律上の規制・制約を受けることになります。

　任意団体をNPO法人化する場合においては、法律上の規制・制約を受けても、団体の運営上、問題がないか確認しておく必要があります。

　もともと特定非営利活動に該当するような事業活動を行っており、機関設計や理事会・総会運営の方法もNPO法人の制度に合致するような形で運営しているような団体の場合は、NPO法人化のハードルは低いといえます。

　他方、特定非営利活動に該当するような事業活動を主たる目的として行っていない、3分の1を超える役員に対して役員報酬を支給している等、NPO法人の規制・制約を満たしていないような団体の場合は、当該満たしていない内容を見直すことが可能か否か、また、見直した上でNPO法人化させるだけのメリットがあるのか否かを慎重に判断する必要があります。

【NPO法人化における設立・運営上の主な留意点】

1	特定非営利活動を主たる目的として実施する必要があります。
2	理事は3名以上、監事は1名以上とする必要があります。
3	役員の任期は、2年以内となります。
4	役員報酬を受ける者の数は、役員総数の3分の1以下とする必要があります。
5	所轄庁の認証手続が必要となり、設立までに一定期間を要します。

6	毎年、所轄庁に対して事業報告書等を提出する必要があります。
7	定款変更等の一定の変更に関しては、所轄庁への認証・届出が必要となります。
8	解散・清算を行う場合は、法律上の手続に従い、一定期間の債権者保護手続等を行う必要があります。また、清算する場合の残余財産の帰属先が限定されます。

（3）NPO法人化と一般社団法人化の比較

　任意団体を法人化するにあたっては、NPO法人化のほか、一般社団法人化も選択肢として考えられますが、次のような点を重要視する場合は、一般社団法人化よりもNPO法人化を選択することになります。

【一般社団法人化よりもNPO法人化を選択する場合】

理事会の書面決議を行いたい場合	NPO法人の場合、理事会の書面決議が可能ですが、理事会設置一般社団法人の場合、理事会の書面決議は認められていません。
理事会で役員を選任したい場合	NPO法人の場合、定款に定めを置けば、理事会で役員を選任することも可能ですが、一般社団法人の場合、理事会で役員を選任することは認められていません。
理事会を自由に開催したい場合	NPO法人の場合、理事会の開催は任意ですが、理事会設置一般社団法人の場合は、代表理事・業務執行理事の職務執行報告を行う必要があるため、少なくとも4ヵ月を超える間隔で年2回以上開催する必要があります。
設立費用を抑えたい場合	一般社団法人の場合、公証役場における定款認証手数料や登録免許税で最低でも11万円以上かかりますが、NPO法人の場合は、所轄庁の認証となり、登録免許税も非課税であるため、費用がかかりません。

（4）任意団体とNPO法人の税務上の取扱い

　任意団体のNPO法人化を検討するにあたっては、税務上の取扱いの違いを確認しておくことが重要となります。任意団体とNPO法人（特例認定NPO法人・認定NPO法人）の主な税務上の取扱いは、次のとおりです。

【任意団体と NPO 法人の税務上の取扱い】

税　　目	任意団体	NPO 法人		
		NPO 法人	特例認定 NPO 法人	認定 NPO 法人
法人税		収益事業課税		収益事業課税です。みなし寄附金を適用できます。
消費税	一般課税で計算する場合において、特定収入割合が5％超となるときは、特定収入に係る課税仕入れを調整計算する必要があります。			
利子等の 源泉所得税	課税されます。なお、収益事業に係る利子等の源泉所得税については、所得税額控除が可能です。			
個人からの寄附に対する相続税・贈与税	課税されます。	不当減少に該当する場合に課税されます。不当減少に該当するか否かは、原則として相続税法施行令第33条第3項で判定します。		
寄附金優遇	—		適用できます。	
譲渡所得の 非課税措置 （一般特例）	—	一定の要件を満たせば適用できます。		
譲渡所得の 非課税措置 （承認特例）	—	一定の要件を満たせば 適用できます。		
相続税の 非課税措置	—			一定の要件を満たせば適用できます。

　認定 NPO 法人になると寄附金優遇税制や相続税の非課税措置、法人税のみなし寄附金を適用することができますが、単なる NPO 法人の場合、任意団体と税務上の取扱いはそれほど変わりません。そのため、将来的な認定 NPO 法人化の可能性が高くない場合、税務上の観点からは、NPO 法人化するメリットはあまりありません。

　そのため、税務上の観点から任意団体の NPO 法人化を目指す場合は、NPO 法人化した後に、認定 NPO 法人の要件を満たす可能性があるのか否かが重要になるといえます。

2 NPO 法人化の流れ

　任意団体の NPO 法人化にあたっては、まず、受け皿となる NPO 法人を設立し、税務や労務の手続、金融機関口座の開設や契約名義の変更等、事業活動開始に向けた準備を行います。NPO 法人の準備が整った時点において、任意団体から NPO 法人へ事業を譲渡し、その後、任意団体においては解散・清算を行います。

　任意団体の NPO 法人化のスケジュールの例は、次のとおりです。

【任意団体の NPO 法人化のスケジュールの例（3月決算）】

	任意団体	NPO 法人
×0年総会以前	NPO 法人化の事前検討	―
×0年5〜6月	総会において NPO 法人化の決議	―
×0年12月	―	NPO 法人の申請
×1年1〜3月	―	所轄庁の審査
×1年3月	―	NPO 法人の設立 ・税務や労務の届出手続 ・金融機関口座の開設 ・契約名義変更の準備
×1年4月	NPO 法人へ事業譲渡	任意団体から事業譲受
×1年5〜6月	×0年度決算承認 任意団体の解散	設立年度決算承認
×1年7月以降	任意団体の清算 残余財産の譲渡	残余財産の譲受

　NPO 法人の設立認証は、申請書の受理後3ヵ月以内（令和3年6月9日以後の申請からは2ヵ月半以内）とされています。そのため、ちょうど、事業年度区切り（×1年4月）で NPO 法人の事業をスタートさせたい場合、×0年の年末頃に NPO 法人の申請を行い、3月頃に NPO 法人を設立します。事業譲渡後の×1年度の任意団体においては、事業活動を行わず、解散・清算手続のみを行うことになります。

（1）事前の検討

　まず、任意団体のNPO法人化を目指すにあたって、団体にとってNPO法人化するメリットがあるか否か、また、NPO法における運営上の規制・制約に問題がないか検討します。将来的な認定NPO法人化も視野に入れている場合は、認定NPO法人の要件を満たす可能性があるのか否かも含めて検討します。詳しくは、前項の「第4章1　**1** NPO法人化すべきか否か」をご参照ください。

（2）任意団体の総会における承認

　任意団体のNPO法人化は、団体にとって重要な意思決定事項であるため、会員の意思を確認しておく必要があります。そのため、任意団体の最高意思決定機関（総会等）において、任意団体をNPO法人化することにつき、承認を得ておく必要があります。

　なお、任意団体の解散は、受け皿となるNPO法人を設立し、任意団体からNPO法人に事業を引き継いだ後に行います。そのため、このタイミングでは任意団体の解散決議までは行いません。

（3）NPO法人の設立

　所轄庁にNPO法人の認証申請を行います。NPO法人の認証には3ヵ月以内（令和3年6月9日以後の申請からは2ヵ月半以内）の審査期間が必要となり、所轄庁の認証を受けてから2週間以内に設立登記を行います。

　法人設立にあたっては、次の事項について検討しておく必要があります。

① 事業の位置づけ

　NPO法人は特定非営利活動に係る事業のほか、その他の事業を実施することもできます。そのため、複数の事業を実施する団体においては、どの事業を特定非営利活動に係る事業として位置づけ、どの事業をその他の事業として位置づけるのか整理しておく必要があります。

　NPO法人は、特定非営利活動を行うことを主たる目的としている必要があります。そのため、事業を位置づけるにあたっては、所轄庁における運用上の判断基準に適合するような形で行う必要があります。

【運用上の判断基準の例（東京都）】

1	特定非営利活動に係る事業の事業費が、特定非営利活動に係る総支出額（事業費と管理費との合計）の2分の1以上であること。
2	特定非営利活動に係る事業の事業費が、その他の事業の事業費より大きいこと。
3	特定非営利活動に係る事業の総支出額が、その他の事業を含めた総支出額の2分の1以上であること。
4	管理費の総支出額に占める割合が、2分の1以下であること。

② 社員の位置づけ

　任意団体における会員制度において、複数の会員種別を有している場合、どの会員種別を法律上の社員として位置づけるのか決めておく必要があります。たとえば、正会員、賛助会員、名誉会員の会員種別を有している場合において、正会員のみを法律上の社員として位置づけるなど、会員種別と法律上の社員の対応関係を明らかにしておく必要があります。

　法律上の社員になると、NPO法人の最高意思決定機関である社員総会に出席して表決権を行使することができます。通常、任意団体の総会において議決権を行使することができる会員種別の会員を、NPO法人の法律上の社員として位置づけるケースが多いと思われますが、NPO法人の社員として位置づけるためには、社員資格の得喪に関して、不当な条件を付してはならない点に留意が必要です。

　なお、NPO法人の設立には10名以上の社員が必要となり、所轄庁への申請上、社員名簿を添付する必要がありますが、10名以上であれば、社員全員を記載する必要はありません。一般社団法人の設立と違って、設立時社員の印鑑証明書が必要になるわけではないため、法人設立に当たり設立時社員を限定する必要はありません。

③ 役員の位置づけ

　NPO法人の役員は、理事と監事の2種類であり、最低でも理事3名、監事1名が必要です。原則としてすべての理事が代表権を有していますが、代表権を有する理事を定款において限定することもできます（NPO法16）。

　他方、任意団体における役員の定義や名称は、会長・理事長・専務・常務・理事・顧問・相談役・世話人・幹事等、団体によって様々です。名誉職的な位置づけの役員もあれば、理事に準じるような役員もいます。

　そのため、任意団体における役員を、どのようにNPO法人の役員に当てはめるのか検討しておく必要があります。

④ 社員総会・理事会の位置づけ

　NPO法人における社員総会は、社員から構成される最高意思決定機関です。他方、NPO法人における理事会は、法律上の制度ではなく、定款上で任意に定める機関です。

　NPO法人においては、定款において理事会の権限をどこまで認めるのか柔軟に対応することができるため、どの権限を社員総会とし、どの権限を理事会とするのか検討しておく必要があります。

【必ず社員総会の決議が必要なもの（代表例）】

1	定款変更　（NPO法25①）	3	解散　（NPO法31①一）
2	合併　（NPO法34①）	4	事業報告・決算　（※）

　※ NPO法には明記されていませんが、所轄庁における審査において、社員総会決議とすべきとされる可能性があります。

【社員総会か理事会か選択が可能なもの（代表例）】

1	事業計画・予算の承認	3	入会金・会費の金額
2	役員の選任	4	役員報酬

（4）NPO 法人の設立後の手続

　NPO 法人設立後は、所轄庁や税務当局等への届出手続を行います。また、NPO 法人として活動していくために、金融機関口座を開設し、任意団体で行っている契約を、適宜、NPO 法人名義の契約に変更する必要があります。

【NPO 法人の設立直後の手続】

1	登記事項証明書及び法人成立時の財産目録を所轄庁に届出します（NPO 法13②）。
2	NPO 法人名義の金融機関口座を開設します。
3	任意団体で行っている契約を NPO 法人名義の契約に変更します。
4	雇用関係が発生する場合、NPO 法人として社会保険や労働保険の加入手続を行います。
5	都道府県・市区町村に対して、法人設立届出書を提出します。
6	法人税法上の収益事業を行う場合は、所轄税務署に対して収益事業開始届出書を提出します。その際、青色申告の承認申請書も合わせて提出し、必要に応じて、棚卸資産の評価方法の届出書や減価償却資産の償却方法の届出書も提出します。
7	給与支払等が発生する場合、所轄税務署に対して給与支払事務所の開設届出書を提出します。また、必要に応じて、源泉所得税の納期の特例の承認に関する申請書を提出します。

（5）任意団体から NPO 法人への事業譲渡、任意団体の解散・清算

　NPO 法人設立後、任意団体から NPO 法人に事業を譲渡し、任意団体は解散・清算を行うことになります。

　任意団体の債権債務を NPO 法人に引き継ぐためには、債権譲渡や債務引受等の手続が必要になるため、煩雑といえます。そのため、短期的な債権・債務であれば、任意団体の時に回収・支払いを行っておくのが望ましいといえます。

　任意団体の清算結了時に残余財産を NPO 法人に譲渡し、任意団体が消滅することによって、任意団体の NPO 法人化が完了することになります。

【NPO 法人への事業譲渡、任意団体の解散・清算】

1	任意団体の事業を NPO 法人へ譲渡します。
2	任意団体で解散決議を行い、任意団体を解散させます。任意団体の解散後、清算手続を行い、残余財産を確定させます。残余財産は、NPO 法人へ譲渡します。
3	任意団体の債権については、債権譲渡の手続をしない限り、NPO 法人の債権となるわけではないため、任意団体において回収しておきます。
4	任意団体の債務については、債務引受の手続をしない限り、NPO 法人の債務となるわけではないため、任意団体において支払っておきます。

(6) 同時並行期間の留意事項

　任意団体の NPO 法人化においては、一定期間、任意団体と NPO 法人の同時並行期間が生じます。同時並行期間においては、次の点に留意が必要です。

① 決算・税務申告

　同時並行期間においては、任意団体と NPO 法人の決算・税務申告がそれぞれ必要となります。仮に、NPO 法人の設立年度において、ほとんど取引が発生していなかったとしても、NPO 法人としての最初の決算が必要となるため留意が必要です。

　また、法人税法上の収益事業を行っていない NPO 法人であっても、少なくとも法人住民税の均等割の申告は必要となります。自治体によっては、収益事業を行っていない法人について均等割の減免を認めていますが、その場合であっても申告書と免除申請書は必要となるため留意が必要です。

② 総会・理事会運営

　同時並行期間においては、任意団体と NPO 法人の総会・理事会をそれぞれ開催する必要があります。任意団体の会員と NPO 法人の社員が同じであれば、総会を同日に開催することが可能です。また、任意団体の役員と NPO 法人の役員が兼職している状態であれば、理事会を同日に開催することが可能です。

③ 運営上の資金

　NPO 法人の設立時には、資金がありません。NPO 法人の設立においては、定款認証手数料や登録免許税は発生しませんが、法人印の作成や登記簿の取得など、最低限の支出が発生します。そのため、NPO 法人設立時の一時的な資金については、任意団体が一時的に立替払いをしておきます。また、NPO 法人の事業活動開始直後において、会費収入の入金や事業収益が十分でない場合においても、任意団体が一時的に立替払いをしておきます。

　任意団体に一時的に立て替えてもらった場合、NPO 法人には任意団体に対する債務が、任意団体には NPO 法人に対する債権（立替金）が生じることになりますが、任意団体の残余財産は、清算時に NPO 法人に寄附されることになるため、最終的に当該債権債務はゼロになります。

④ 会費の取扱い

　任意団体の会員と NPO 法人の会員が同じ場合、同時並行期間が生じることによって、会費を重複して徴収しないように留意する必要があります。

　NPO 法人の設立直後の事業年度においては、任意団体側で会費を徴収するため、NPO 法人側で会費を徴収しないようにします。一方、任意団体の解散・清算事業年度においては、NPO 法人側で会費を徴収するため、任意団体側で会費を徴収しないようにします。

　また、会費の振込先口座が変更となるため、会員に対して、振込先口座の変更を周知しておくことが必要になります。

3 財産譲渡・譲受時の税務上の取扱い

（1）財産譲渡側の処理（任意団体）

　任意団体側においては、保有している財産を NPO 法人に無償で譲渡するため、財産の譲渡損（寄附）を計上することになります。

任意団体の NPO 法人化にあたって、財産を譲渡する取引は、法人税法上の収益事業に該当しません。また、当該取引は、対価性のない取引であるため、消費税法上、不課税取引となります。

（2）財産譲受側の処理（NPO 法人）

　NPO 法人側においては、無償で譲り受けた財産を公正な評価額で評価し、資産受贈益（受取寄附）を計上することになります。

　任意団体の NPO 法人化にあたって、財産を譲り受ける取引は、法人税法上の収益事業に該当しないため、法人税は発生しません。また、当該取引は、対価性のない取引であるため、消費税法上、不課税取引となります。NPO 法人は、相続税法上の持分の定めのない法人に該当すると考えられますが、任意団体からの贈与は法人からの贈与に準じて贈与税が課税されることはないとされているため、みなし贈与課税が発生することもありません。

　なお、任意団体から財産を譲り受けるにあたっては、第二次納税義務に留意する必要があります。第二次納税義務とは、任意団体の納税義務が財産を譲り受けた法人にも発生するというものです。任意団体は、法律に基づく団体ではないことから、本来、法人税の申告・納税や消費税の申告・納税が必要であったにも関わらず、申告・納税してこなかったようなケースもあります。このようなケースにおいては、第二次納税義務が発生する可能性があるため留意が必要です。

2 | 任意団体の一般社団法人化

1 一般社団法人化すべきか否か

　任意団体を一般法人化するにあたっては、まず、一般法人化することのメリットと、一般法人化することによる運営上の規制・制約を比較検討します。なお、一般法人には、一般社団法人と一般財団法人がありますが、通常、会員から構成される任意団体の場合、組織の形態として一般社団法人の方が一般財団法人よりも適していると考えられます。そのため、以下、一般法人化にあたっては、一般社団法人化を前提に解説します。

（1）一般社団法人化するメリット

　任意団体を一般社団法人化することのメリットとしては、まず、法人格を取得することにより、権利義務関係が明確になるという点が挙げられます。

　法人格があれば、法人名義で銀行口座の開設や登記、契約を行うことが可能となり、代表者の変更・死亡による煩雑な手続やトラブルを避けることができます。また、法人名義で契約することによって、社会的信用性が向上し、結果として補助金や助成金が受けやすくなったり、寄附金や会員を集めやすくなったりすることもあります。

　個人から寄附を受ける際、任意団体の場合は、相続税法第66条第1項の規定により任意団体を個人とみなして相続税・贈与税が課税されることになりますが、一般社団法人の場合は、不当減少と認められない限り、贈与税・相続税が課税されることはありません。

【任意団体の一般社団法人化のメリット】

1	法人名義で銀行口座の開設や登記、契約を行うことが可能となります。
2	社会的信用性が向上します。
3	個人からの寄附に対する相続税・贈与税の課税リスクが減少します。

　また、一般社団法人のうち、非営利性が徹底された一般社団法人となれば、一定の要件を満たした現物寄附に関して、譲渡所得の非課税措置を適用することが可能となります。さらに、公益法人の要件を満たす可能性がある団体の場合は、公益社団法人になることで、寄附金優遇税制や相続税の非課税措置を適用することが可能となり、より寄附を集めやすくなるといえます。

（2）一般社団法人化による運営上の規制・制約

　任意団体は法律に基づかない団体であるため、自由な団体運営が可能です。他方、一般社団法人は、法律に基づく法人であるために、法律上の規制・制約を受けることになります。

　任意団体を一般社団法人化する場合においては、法律上の規制・制約を受けても団体の運営上、問題がないか確認しておく必要があります。

　任意団体の機関設計や理事会・総会運営の方法が一般社団法人の規制・制約に合致するような形で運営しているような団体においては、一般社団法人化のハードルは低いといえます。

　他方、理事会の代理人出席や書面決議、決算承認理事会と定時社員総会の同日開催等、一般社団法人の規制・制約を満たしていないような団体の場合は、当該満たしていない内容を見直すことが可能か否か、また、見直した上で一般社団法人化させるだけのメリットがあるのか否かを慎重に判断する必要があります。

【一般社団法人化における設立・運営上の主な留意点】

1	一般社団法人の場合、役員は理事・監事となります。理事会を設置する場合は、理事は3名以上、監事は1名以上とする必要があります。
2	理事の任期は原則として、選任後2年以内に終了する事業年度のうち最終のものに関する定時社員総会の終結の時までです。ただし、短縮することも可能です。
3	監事の任期は原則として、選任後4年以内に終了する事業年度のうち最終のものに関する定時社員総会の終結の時までです。ただし、選任後2年以内に終了する事業年度のうち最終のものに関する定時社員総会の終結の時まで短縮可能です。
4	一般社団法人の場合、理事・監事は必ず社員総会で選任する必要があります。
5	一般社団法人では、理事会の代理人出席・書面決議は認められていません。
6	一般社団法人の場合は、代表理事・業務執行理事の職務執行報告を行うため、最低でも年2回は理事会を開催する必要があります。また、決算承認理事会と定時社員総会は最低でも中2週間空けて開催する必要があります。
7	理事会設置一般社団法人の場合、社員総会の決議事項は、原則として事前に通知した事項に限られます。
8	法人設立費用に最低でも11万円以上かかります（定款認証5万円、登録免許税6万円）。
9	法人税法上、収益事業課税とするためには、非営利型法人の要件を満たす必要があります。非営利型法人の要件を満たすためには、理事総数に占める三親等以内の親族等の割合を3分の1以下に抑えるほか、剰余金分配や残余財産の分配等に関する定款記載等の要件を満たす必要があります。

（3）一般社団法人とNPO法人の比較

　任意団体を法人化するにあたっては、一般社団法人化のほか、NPO法人化も選択肢として考えられますが、次のような点を重要視する場合は、NPO法人化よりも一般社団法人化を選択することになるといえます。

【NPO法人化よりも一般社団法人化を選択する場合】

自由に事業活動を行いたい場合	NPO法人と違って、特定非営利活動を主たる目的として行わなければならないというような制約はありません。そのため、共益的な活動を中心とすることも可能です。
自由に法人運営を行いたい場合	新規に設立する法人に関しては、行政庁の監督はないため、自由に法人運営することが可能です。また、社員資格の得喪についてもNPO法人や公益法人のように規制がないため、自由に設定することが可能です。
役員報酬を自由に支給したい場合	一般社団法人は、NPO法人と異なり、役員報酬を受ける人数に制約はありません。そのため、役員総数の3分の1を超えて役員報酬を支給しているようなケースにおいては、一般社団法人の方が望ましいといえます。

すぐに法人を設立したい場合	NPO 法人の設立の場合、所轄庁の審査が必要となりますが、一般社団法人の場合は、公証役場における定款認証のため、法人設立までの時間がかかりません。
将来的な公益法人化を検討している場合	一般法人であれば、将来的に公益法人化することも可能です。公益法人になると、認定 NPO 法人よりも優遇税制の範囲が広いため、公益法人の要件を満たすことが可能なケースにおいては、NPO 法人から認定 NPO 法人を目指すよりも、一般法人から公益法人を目指した方が優遇税制上望ましいといえます。

（4）任意団体と一般法人の税務上の取扱い

　　任意団体の一般法人化を検討するにあたっては、税務上の取扱いの違いを確認しておくことが重要となります。任意団体と一般法人の主な税務上の取扱いは、次のとおりです。

【任意団体と一般法人の税務上の取扱い】

税　　目	任意団体	一般法人		非営利型法人以外の法人
		非営利型法人		
		非営利性徹底	共益的活動目的	
法人税		収益事業課税		全所得課税
消費税	一般課税で計算する場合において、特定収入割合が 5 ％超となるときは、特定収入に係る課税仕入れを調整計算する必要があります。			
利子等の源泉所得税	課税されます。なお、収益事業に係る利子等の源泉所得税については、所得税額控除が可能です。			課税されます。なお、源泉所得税については、所得税額控除が可能です。
個人からの寄附に対する相続税・贈与税	課税されます。	不当減少に該当する場合に課税されます。不当減少に該当するか否かは、原則として相続税法施行令第33条第 3 項で判定します。		不当減少に該当する場合に課税されます。不当減少に該当しないためには、相続税法施行令第33条第 4 項の要件をすべて満たした上で、さらに相続税法施行令第33条第 3 項で判定します。
寄附金優遇	―			
譲渡所得の非課税措置（一般特例）	―	一定の要件を満たせば適用できます。	―	
相続税の非課税措置	―			

　非営利型法人の一般法人の場合、収益事業課税の法人となるため、任意団体と税務上の取扱いはそれほど変わりません。他方、非営利型法人以外の一般法人の場合、全所得課税の法人となり、会費収入や寄附金収入も法人税の課税対象となるため、税務上の取扱いに大きな違いがあります。

　任意団体の法人化において、任意団体の残余財産を一般法人に譲渡する際、法人税を非課税とするためには、非営利型法人としておく必要があります。そのため、任意団体の法人化を目指す場合は、通常、非営利型法人の一般法人を選択することになります。

2　一般社団法人化の流れ

　任意団体の一般社団法人化にあたっては、まず、受け皿となる一般社団法人を事前に設立し、税務や労務の手続、金融機関口座の開設や契約名義の変更等、事業活動開始に向けた準備を行います。一般社団法人の準備が整った時点において、任意団体から一般社団法人へ事業を譲渡し、その後、任意団体においては解散・清算を行います。

　任意団体の一般社団法人化のスケジュールの例は、次のとおりです。

【任意団体の一般社団法人化のスケジュールの例（3月決算）】

	任意団体	一般社団法人
×0年総会以前	一般社団法人化の事前検討	―
×0年5〜6月	総会において一般社団法人化の決議	―
×1年1〜3月	―	一般社団法人の設立 ・税務や労務の届出手続 ・金融機関口座の開設 ・契約名義変更の準備
×1年4月	一般社団法人へ事業譲渡	任意団体から事業譲受
×1年5〜6月	×0年度決算承認 任意団体の解散	設立年度決算承認
×1年7月以降	任意団体の清算 残余財産の譲渡	残余財産の譲受

×1年3月までは、任意団体が事業を行い、一般社団法人は設立・事業受入の準備を行います。事業譲渡後の×1年4月以降は、事業を譲り受けた一般社団法人が事業を行い、任意団体は解散・清算手続のみを行うことになります。

（1）事前の検討

まず、任意団体の一般社団法人化を目指すにあたっては、団体にとって一般社団法人化するメリットがあるか否か、また、一般法における運営上の規制・制約に問題がないか検討します。将来的な公益法人化も視野に入れている場合は、公益法人の要件を満たす可能性があるのか否かも含めて検討します。詳しくは、前項の「第4章2 ❶一般社団法人化すべきか否か」をご参照ください。

（2）任意団体の総会における承認

任意団体の一般社団法人化は、団体にとって重要な意思決定事項であるため、会員の意思を確認しておく必要があります。そのため、任意団体の最高意思決定機関（総会等）において、任意団体を一般社団法人化することにつき、承認を得ておく必要があります。

なお、任意団体の解散は、受け皿となる一般社団法人を設立し、任意団体から一般社団法人に事業を引き継いだ後に行います。そのため、このタイミングでは任意団体の解散決議までは行いません。

（3）一般社団法人の法人設立

一般社団法人を設立します。まず、定款を作成した上で、公証役場で定款認証を行い、その後、法務局に設立登記申請を行います。事前の定款案の準備や設立登記関係書類の準備さえ順調に整えば、最短10日程度で法人設立をすることも可能です。

法人設立にあたっては、次の事項について検討しておく必要があります。

① 事業の位置づけ

新規設立した一般社団法人は行政庁の監督下にないため、自由に事業を実施することができます。そのため、NPO 法人や公益法人のように、どの事業を法律上の事業に位置づけるのかという点について検討する必要はありません。

② 社員の位置づけ

任意団体における会員制度において、複数の会員種別を有している場合、どの会員種別を法律上の社員として位置づけるのか決めておく必要があります。たとえば、正会員、賛助会員、名誉会員の会員種別を有している場合において、正会員のみを法律上の社員として位置づけるなど、会員種別と法律上の社員の対応関係を明らかにしておく必要があります。

法律上の社員になると、一般社団法人の最高意思決定機関である社員総会に出席して議決権を行使することができます。通常、任意団体の総会において議決権を行使することができる会員種別の会員を、一般社団法人化後の法律上の社員として位置づけるケースが多いと思われます。なお、一般社団法人においては、社員資格の条件を自由に設定することが可能ですが、将来的に公益法人を目指す場合は、社員資格の得喪に関して、不当に差別的な条件を付さないようにしておくことが望ましいといえます。

また、一般社団法人を設立する場合、設立時社員の人数に留意が必要です。会員数が多い任意団体の場合、最終的に任意団体の会員を社員とする予定であったとしても、法人設立時の社員数は必要最低限の 2 名としておくのが望ましいといえます。なぜなら、定款認証の際の一般社団法人の定款には、設立時社員の押印と印鑑証明書の添付が必要となるためです。

そのため、設立時社員以外の会員については、設立後の一定の時期（たとえば任意団体からの事業譲受時）に、まとめて入会してもらう形をとるのが望ましいといえます。

③ 役員の位置づけ

　一般社団法人の役員は、理事と監事の2種類です。任意団体において、理事会を設置している場合、一般社団法人化をする場合も理事会設置一般社団法人とするケースが多いと思われます。その場合、最低でも理事3名、監事1名が必要となります。また、理事会設置一般社団法人の場合、理事の中から代表権を有する代表理事を選定する必要があり、必要に応じて業務を執行する業務執行理事を選定する必要があります。

　他方、任意団体における役員の定義や名称は、会長・理事長・専務・常務・理事・顧問・相談役・世話人・幹事等、団体によって様々です。名誉職的な位置づけの役員もあれば、理事に準じるような役員もいます。

　そのため、任意団体における役員を、どのように一般社団法人の役員に当てはめるのか検討しておく必要があります。

④ 社員総会・理事会の位置づけ

　一般社団法人における社員総会は、社員から構成される最高意思決定機関です。他方、一般社団法人における理事会は、法人運営に関する意思決定機関です。

　一般社団法人においては、法律上、社員総会の決議が必要な項目が多く定められているため、NPO法人のように役員の選任を理事会で行うことは認められていません。

【必ず社員総会の決議が必要なもの（代表例）】

1	決算の承認	4	定款変更
2	役員の選任	5	合　併
3	役員報酬（定款又は社員総会の決議）	6	解　散

【社員総会か理事会か選択が可能なもの（代表例）】

1	事業計画・予算の承認	2	入会金・会費の金額

（4）一般社団法人の設立後の手続

　一般社団法人設立後は、税務当局等への届出手続を行います。また、一般社団法人として活動していくために、金融機関口座を開設し、任意団体で行っている契約を、適宜、一般社団法人名義の契約に変更する必要があります。

【一般社団法人の設立直後の手続】

1	一般社団法人名義の金融機関口座を開設します。
2	任意団体で行っている契約を一般社団法人名義の契約に変更します。
3	雇用関係が発生する場合、一般社団法人として社会保険や労働保険の加入手続を行います。
4	都道府県・市区町村に対して、法人設立届出書を提出します。
5	法人税法上の収益事業を行う場合は、所轄税務署に対して収益事業開始届出書を提出します。その際、青色申告の承認申請書も合わせて提出し、必要に応じて、棚卸資産の評価方法の届出書や減価償却資産の償却方法の届出書も提出します。
6	給与支払等が発生する場合、所轄税務署に対して給与支払事務所の開設届出書を提出します。また、必要に応じて、源泉所得税の納期の特例の承認に関する申請書を提出します。

（5）任意団体から一般社団法人への事業譲渡、任意団体の解散・清算

　一般社団法人設立後、任意団体から一般社団法人に事業を譲渡し、任意団体は解散・清算を行うことになります。

　任意団体の債権債務を一般社団法人に引き継ぐためには、債権譲渡や債務引受等の手続が必要になるため、煩雑といえます。そのため、短期的な債権・債務であれば、任意団体の時に回収・支払いを行っておくのが望ましいといえます。

　任意団体の清算結了時に残余財産を一般社団法人に譲渡し、任意団体が消滅することによって、任意団体の一般社団法人化が完了することになります。

【一般社団法人への事業譲渡、任意団体の解散・清算】

1	任意団体の事業を一般社団法人へ譲渡します。
2	任意団体の解散決議を行い、任意団体を解散させます。任意団体の解散後、清算手続を行い、残余財産を確定させます。残余財産は、一般社団法人へ譲渡します。
3	任意団体の債権については、債権譲渡の手続をしない限り、一般社団法人の債権となるわけではないため、任意団体において回収しておきます。
4	任意団体の債務については、債務引受の手続をしない限り、一般社団法人の債務となるわけではないため、任意団体において支払っておきます。

（6）同時並行期間の留意事項

　任意団体の一般社団法人化においては、一定期間、任意団体と一般社団法人の同時並行期間が生じます。同時並行期間においては、次の点に留意が必要です。

① 決算・税務申告

　同時並行期間においては、任意団体と一般社団法人の決算・税務申告がそれぞれ必要となります。仮に、一般社団法人の設立年度において、ほとんど取引が発生していなかったとしても、一般社団法人としての最初の決算が必要となるため留意が必要です。

　また、法人税法上の収益事業を行っていない一般社団法人であっても、少なくとも法人住民税の均等割の申告は必要となります。自治体によっては、収益事業を行っていない法人について均等割の減免を認めていますが、その場合であっても、申告書と免除申請書は必要となるため留意が必要です。

② 総会・理事会運営

　同時並行期間においては、任意団体と一般社団法人の総会・理事会をそれぞれ開催する必要があります。任意団体の会員と一般社団法人の社員が同じであれば、総会を同日に開催することが可能です。また、任意団体の役員と一般社団法人の役員が兼職している状態であれば、理事会を同日に

開催することが可能です。

　なお、一般社団法人においては、理事会の代理人出席や書面決議が認められていません。そのため、任意団体と一般社団法人の理事会を同日に開催しようとする場合は、本人出席で定足数を満たすように留意する必要があります。

③ 運営上の資金

　一般社団法人の設立時には、資金がありません。一般社団法人の設立においては、定款認証手数料や登録免許税、法人印の作成等の支出が発生します。そのため、一般社団法人の設立時の一時的な資金については、任意団体が一時的に立替払いをしておきます。また、一般社団法人の事業活動開始直後において、会費収入の入金や事業収益が十分でない場合においても、任意団体が一時的に立替払いをしておきます。

　任意団体に一時的に立て替えてもらった場合、一般社団法人には任意団体に対する債務が、任意団体には一般社団法人に対する債権（立替金）が生じることになりますが、任意団体の残余財産は、清算時に一般社団法人に寄附されることになるため、最終的に当該債権債務はゼロになります。

④ 会費の取扱い

　任意団体の会員と一般社団法人の会員が同じ場合、同時並行期間が生じることによって、会費を重複して徴収しないように留意する必要があります。

　一般社団法人の設立直後の事業年度においては、任意団体側で会費を徴収するため、一般社団法人側で会費を徴収しないようにします。一方、任意団体の解散・清算事業年度においては、一般社団法人側で会費を徴収するため、任意団体側で会費を徴収しないようにします。

　また、会費の振込先口座が変更となるため、会員に対して、振込先口座の変更を周知しておくことが必要になります。

3　財産譲渡・譲受時の税務上の取扱い

（1）財産譲渡側の処理（任意団体）

　任意団体側においては、保有している財産を一般社団法人に無償で譲渡するため、財産の譲渡損（寄附）を計上することになります。

　任意団体の一般社団法人化にあたって、財産を譲渡する取引は、法人税法上の収益事業に該当しません。また、当該取引は、対価性のない取引であるため、消費税法上、不課税取引となります。

（2）財産譲受側の処理（一般社団法人）

　一般社団法人側においては、無償で譲り受けた財産を公正な評価額で評価し、資産受贈益（受取寄附）を計上することになります。

　任意団体の一般社団法人化にあたって、通常、収益事業課税となるように非営利型法人の一般社団法人を選択します。任意団体の一般社団法人化にあたって、財産を譲り受ける取引は、法人税法上の収益事業に該当しないため、非営利型法人であれば法人税は発生しません。また、当該取引は、対価性のない取引であるため、消費税法上、不課税取引となります。一般社団法人は、相続税法上の持分の定めのない法人に該当しますが、任意団体からの贈与は法人からの贈与に準じて贈与税が課税されることはないとされているため、みなし贈与課税が発生することもありません。

　なお、任意団体から財産を譲り受けるにあたっては、第二次納税義務に留意する必要があります。第二次納税義務とは、任意団体の納税義務が財産を譲り受けた法人にも発生するというものです。任意団体は、法律に基づく団体ではないことから、本来、法人税の申告・納税や消費税の申告・納税が必要であったにも関わらず、申告・納税してこなかったようなケースもあります。このようなケースにおいては、第二次納税義務が発生する可能性があるため留意が必要です。

3 | NPO 法人の 一般法人化

　一般法人の制度は、NPO 法人の制度よりも後にできた制度です。NPO 法人の制度の方が先行してスタートしているため、すでに NPO 法人として運営している非営利団体の中には、一般法人化を検討するようなケースがあります。

　NPO 法人の一般法人化を検討するにあたって重要となるのが、NPO 法人の残余財産の帰属の問題です。NPO 法人の残余財産は、NPO 法第11条第3項の定めにより、次の団体に帰属させる必要があります。

【NPO 法人の残余財産の帰属先（NPO 法11③）】

1	国又は地方公共団体	4	学校法人
2	特定非営利活動法人	5	社会福祉法人
3	公益社団法人又は公益財団法人	6	更生保護法人

　上記のとおり、NPO 法人が解散した場合の残余財産について、公益法人であれば引き継ぐことが可能ですが、一般法人の場合は引き継ぐことができません。そのため、財産を多額に有している NPO 法人を一般法人化するのは難しいと思われます。NPO 法人を一般法人化するようなケースは、たとえば、毎年度の収支が概ね均衡していて、ストックの財産をほとんど有していないようなケースなど、限定的であると思われます。

　なお、一般法人設立後、すぐに公益法人化すれば、NPO 法人の残余財産を引き継ぐことが可能です。当該ケースについては、「**第4章5 NPO 法人の公益社団法人化**」をご参照ください。

4 | 一般社団法人の NPO 法人化

　一般社団法人の制度は、NPO法人の制度よりも後にできた制度です。そのため、一般社団法人を設立する際には、NPO法人と比較した上で一般社団法人を選択していると考えられるため、一般社団法人として設立・運営したのち、改めてNPO法人へ組織を変更しようとするようなケースはあまりないと思われます。

　特にNPO法人と非営利型法人の一般社団法人では、税務上の取扱いはほとんど変わりません。そのため、単なるNPO法人化のみでは、税務上のメリットはほとんどありません。一般社団法人のNPO法人化を目指すケースとしては、公益法人の要件を満たすのは難しいものの、NPO法人になれば、認定NPO法人の要件は満たす可能性があるケースなど、限定的なケースであると思われます。

【NPO法人と一般社団法人の税務上の取扱い】

税　目	NPO法人	一般社団法人		非営利型法人以外の法人
		非営利型法人		
		非営利性徹底	共益的活動目的	
法人税	収益事業課税			全所得課税
消費税	一般課税で計算する場合において、特定収入割合が5％超となるときは、特定収入に係る課税仕入れを調整計算する必要があります。			
利子等の源泉所得税	課税されます。なお、収益事業に係る利子等の源泉所得税については、所得税額控除が可能です。			課税されます。なお、源泉所得税については、所得税額控除が可能です。
個人からの寄附に対する相続税・贈与税	不当減少に該当する場合に課税されます。不当減少に該当するか否かは、原則として相続税法施行令第33条第3項で判定します。			不当減少に該当する場合に課税されます。不当減少に該当しないためには、相続税法施行令第33条第4項の要件をすべて満たした上で、さらに相続税法施行令第33条第3項で判定することになります。
寄附金優遇	―			
譲渡所得の非課税措置（一般特例）	一定の要件を満たせば適用できます。		―	
相続税の非課税措置	―			

5 | NPO 法人の公益社団法人化

　NPO 法人と公益法人は、根拠としている法律が異なります。そのため、NPO 法人を公益法人化しようとする場合、最初に一般法人を設立し、当該一般法人を公益認定申請によって公益法人とし、その後に NPO 法人の事業及び財産を公益法人に譲渡することになります。NPO 法人の残余財産の帰属に関しては NPO 法上の制限がありますが、公益法人であれば引き継ぐことが可能です。

　なお、公益法人には、公益社団法人と公益財団法人の 2 つがあります。NPO 法人は社員から構成されている法人であるため、基本的に NPO 法人を公益法人化する場合は、同じく社員から構成されている公益社団法人を選択することになると考えられます。

　そのため、以下、公益社団法人を選択することを前提に解説します。

1　公益社団法人化すべきか否か

(1) 公益社団法人化するメリット

　公益社団法人化するメリットとしては、まず、社会的信用性の向上が挙げられます。公益法人は、NPO 法人よりも行政による監督が厳しいため、一般的に社会的信用性がより高いといえます。

　公益法人には、多くの税制上の優遇措置が認められています。NPO 法人も認定 NPO 法人になれば税制上の優遇措置が認められていますが、公益法人の方がより多くの税制上の優遇措置が認められているため、税制上の優遇措置は、公益法人化するメリットの 1 つといえます。

【NPO法人と公益法人の税務上の取扱い】

税　目	NPO法人			公益法人
	NPO法人	特例認定NPO法人	認定NPO法人	
法人税	収益事業課税		収益事業課税です。みなし寄附金を適用できます（所得の50%又は200万円のいずれか多い額が上限）。	収益事業課税です（公益目的事業の場合、34事業であっても収益事業から除外）。みなし寄附金を適用できます（所得の100%をみなし寄附金とすることも可能）。
消費税	一般課税で計算する場合において、特定収入割合が5%超となるときは、特定収入に係る課税仕入れを調整計算する必要があります。			一般課税で計算する場合において、特定収入割合が5%超となるときは、特定収入に係る課税仕入れを調整計算する必要があります。一定の要件を満たした寄附金は、特定収入から除外することが可能です。
利子等の源泉所得税	課税されます。なお、収益事業に係る利子等の源泉所得税については、所得税額控除が可能です。			課税されません。
個人からの寄附に対する相続税・贈与税	不当減少に該当する場合に課税されます。不当減少に該当するか否かは、原則として相続税法施行令第33条第3項で判定します。			
寄附金優遇（所得控除）	―	適用できます。		適用できます。
寄附金優遇（税額控除）				パブリックサポートテストを満たした法人は適用できます。
譲渡所得の非課税措置（一般特例）	一定の要件を満たせば適用できます。			
譲渡所得の非課税措置（承認特例）	―	一定の要件を満たせば適用できます。		
相続税の非課税措置	―		一定の要件を満たせば適用できます。	

（2）公益社団法人化するにあたっての一般法上の規制・運営

　公益社団法人は公益認定を受けた一般社団法人のことであり、一般社団法人をベースにしています。そのため、公益社団法人となるためには、一般法も遵守する必要があります。NPO法と一般法は異なるため、NPO法人のときには認められている運用であっても、公益社団法人では認められない運用があるため、留意する必要があります。

【NPO法人と公益社団法人の運営上の主な相違点】

1	NPO法人の場合、理事会の書面決議が可能ですが、公益社団法人の場合、理事会の書面決議は認められていません。
2	NPO法人の場合、定款に定めを置けば、理事会で役員を選任することも可能ですが、公益社団法人の場合、理事会で役員を選任することは認められていません。
3	NPO法人の場合、理事会の開催は任意ですが、公益社団法人の場合は、代表理事・業務執行理事の職務執行報告を行うため、少なくとも4ヵ月を超える間隔で年2回以上は開催する必要があります。 役員改選時には、総会直後に代表理事選定のための理事会を開催する必要があるため、決議の省略規定を使わない限り、少なくとも年3回は開催する必要があります。

（3）公益法人化するにあたっての認定基準

　公益法人となるためには、事業・運営・収支構造に関して公益認定の基準を満たしている必要があります。公益認定の実務において、特に重要となる認定基準は、次のとおりです。

① 公益目的事業と特定非営利活動に係る事業

　公益法人となるためには、公益目的事業を主たる目的として行う必要があります。他方、NPO法人は、特定非営利活動を主たる目的として行っています。公益法人の公益目的事業とNPO法人の特定非営利活動は、法律が異なるため定義の仕方は異なっていますが、内容は類似しているため、特定非営利活動に係る事業は、公益目的事業の候補になる可能性が高いと考えられます。

公益目的事業に該当するか否かは、内閣府公益認定等委員会が公表しているチェックポイントに照らして判断することになります。

【公益目的事業となるための主なチェックポイント】

1	不特定多数の者の利益の増進に寄与することを主たる目的として位置づけ、適当な方法で明らかにしているか。
2	受益の機会が公開されているか。
3	専門家が適切に関与しているか。
4	公正性が確保されているか。
5	不当に多額の支出はないか。
6	事業が丸投げ外注でないか。
7	情報公開を適切に行っているか。
8	業界団体の販売促進や共同宣伝になっていないか。

② 収支相償の検討・対策

公益目的事業の候補が決まったら、当該公益目的事業に関して、収支相償を満たすか否かを確認しておきます。収支相償には、公益目的事業ごとで判定する第一段階と公益目的事業会計全体で判定する第二段階がありますが、第二段階の計算が特に重要となります。

なぜなら、第一段階の収支相償は満たしていたとしても、入会金収入や会費収入、公益全体の寄附収入、収益事業等からの利益の繰入を含めて計算すると、第二段階の収支相償を満たさなくなるケースがあるからです。

そのため、第二段階の収支相償を満たす観点から、入会金収入や会費収入の計上区分、寄附金収入の計上区分の検討が重要となります。

a．入会金・会費収入の使途の定め

NPO法人の場合、入会金収入や会費収入はすべて管理部門の経常収益に計上しているケースが多いと思われますが、公益社団法人の場合、使途の定めの有無によって計上する区分が異なってきます。

公益社団法人の場合、使途の定めのない入会金・会費に関して50％を

公益目的事業会計に計上する必要がありますが、会費規程等において入会金や会費の使途を定めれば、基本的には定めた比率に基づいて各会計区分に入会金収入や会費収入を計上することが可能です。

そのため、法人会計の使途の割合を高くし、公益目的事業会計の使途の割合を低くすれば、その分、公益目的事業会計の経常収益が少なくなるため、収支相償を満たしやすくなります。ただし、法人会計の使途の割合を高く設定することにより、法人会計が必要以上に黒字となるような場合は、行政庁から見直しを求められる可能性があるため留意が必要です（FAQ Ⅴ - 8 -①）。

ｂ．寄附金の使途の定め

公益社団法人の場合、使途の定めのない寄附金は100％公益目的事業会計の一般正味財産増減の部の経常収益に計上し、収支相償の計算に含めることになります。他方、使途の指定がある寄附金は、会計上、指定正味財産増減の部に計上し、使った金額だけを一般正味財産増減の部に振替えることになります。その結果、使途の指定を受けた寄附については、公益目的事業として使用した金額だけを収支相償の計算に含めることになるため、使途の指定を受ければ、その分だけ収支相償を満たしやすくなります。

また、使途の定めがある寄附金の場合、未使用の残高は遊休財産額の計算から除外されるため、遊休財産額の保有制限も満たしやすくなります。

使途の定めのない寄附の方が、法人にとって自由に使用することができ、運用しやすい面もありますが、1事業年度で使い切らないような多額な寄附を受ける際には、使途の定めを受けていないと、収支相償や遊休財産額の保有制限を満たさなくなる可能性があるため、留意が必要です。

ｃ．公益に係る資金積立

公益目的事業に係る特定費用準備資金の積立は、みなし費用として収支相償の計算上、費用に含めることができます。また、収益事業等からの利

益の繰入が50％超の法人においては、公益目的保有財産の取得に係る資産取得資金の積立も、みなし費用として収支相償の計算上、費用に含めることができます。

　公益に係る資金積立は、収支相償を満たすための手段になりますが、資金を取り崩す際には収入となるため、長期的な視点でみて有利になるわけではありません。

　資金積立は、公益法人移行後、短期的に収支相償を満たすのが厳しい際の急場の対策として有効な手段です。他方、公益法人を目指す段階において、資金積立を行わないと収支相償を満たさないような収支構造の法人は、資金取崩しの都度、新しい資金積立を行うことが必要になる可能性が高いため、長期安定的に収支相償を満たすことが可能か否か慎重な判断が必要になります。

③ 公益目的事業比率の検討・対策

　公益法人の場合、公益目的事業を行うことを主たる目的としなければなりません。主たる目的としているか否かは、法人全体の費用のうち、原則として50％以上を公益目的事業の費用としているか否かで判断されます（公益目的事業比率）。

　NPO法人や認定NPO法人にも特定非営利活動に係る事業の比率に関する基準がありますが、公益法人の基準とまったく同じというわけではありません。そのため、NPO法人や認定NPO法人における基準を満たしていたとしても、公益法人における公益目的事業比率を満たすとは限らない点に留意が必要です。

　NPO法人（東京都）の場合、特定非営利活動に係る事業の総支出が、その他の事業を含めた総支出額の2分の1以上か否かで判断することになりますが、分子となる総支出の中には特定非営利活動に係る管理費も含まれています。すなわち、NPO法人の場合は、管理費も特定非営利活動に係る事業に含めた上で特定非営利活動の比率を判定しています。そのため、

NPO法人で当該基準を満たしていたとしても、公益法人において公益目的事業比率を満たすとは限りません。

たとえば、次のような収支構造の法人の場合、NPO法人では次のように判定します。

【NPO法人における主たる目的か否かの判定（東京都）】

	特定非営利活動に係る事業	その他の事業	合　計
事業費	（A）　100	（C）　50	150
管理費	60	—	（D）　60
総支出	（B）　160	50	（E）　210

まず、特定非営利活動に係る事業の事業費が、特定非営利活動に係る総支出額（事業費と管理費との合計）の2分の1以上であることを判定します（（A）÷（B）≧50％）。次に、特定非営利活動に係る事業の事業費が、その他の事業の事業費より大きいことを判定します（（A）＞（C））。さらに、特定非営利活動に係る事業の総支出額が、その他の事業を含めた総支出額の2分の1以上であることを判定します（（B）÷（E）≧50％）。最後に、管理費の総支出額に占める割合が、2分の1以下であることを判定します（（D）÷（E）≦50％）。この例においては、特定非営利活動が主たる目的か否かの判断基準を満たしていることになります。

他方、同じ収支構造の法人において、仮に特定非営利活動に係る事業を公益目的事業、その他の事業を収益事業等と読み替えた場合、公益法人の公益目的事業比率の算定は次のようになります。

【公益法人における主たる目的か否かの判定】

	公益目的事業会計	収益事業等会計	法人会計	合　計
事業費	（A）　100	50	—	150
管理費	—	—	60	60
総費用	100	50	60	（E）　210

公益目的事業比率は（A）100÷（E）210で判定し、50％未満となるため、基準を満たしていません。このように、NPO法人であれば主たる目的か否かの判断基準を満たすような収支構造であったとしても、公益法人の公益目的事業比率を満たさないケースもあるため留意が必要です。

また、認定NPO法人の場合、総事業費に占める特定非営利活動に係る事業費が80％以上である必要があります。一見すると、公益法人の公益目的事業比率50％以上よりも厳しく見えますが、法人全体の費用比率ではなく、あくまで総事業費に占める比率です。また、当該比率に関しては、事業費の比率だけではなく、作業時間割合等の合理的な指標による割合でも判定することができます。そのため、認定NPO法人であっても、公益目的事業比率を満たす収支構造であるとは言い切れない点に留意が必要です。

なお、公益目的事業比率の計算上、特定費用準備資金の積立やボランティア費用は、みなし費用として計算することができます。このようなみなし費用は、公益に係る費用（分母・分子）だけではなく、収益や管理に係る費用（分母）も含めて計算します。公益に係るみなし費用は有利に働きますが、収益や管理に係るみなし費用は不利に働くため、みなし費用は必ずしも公益目的事業比率の計算上、有利に働くとは限らない点に留意が必要です。

④ 遊休財産額の保有制限の検討・対策

NPO法人の場合、財産の保有制限は特にありませんが、公益法人の場合は遊休財産額の保有制限があります。遊休財産額の保有制限のおおよその目安としては、手元資金水準（流動資産－流動負債）が1年間分の公益目的事業費を超えていないか否かで判定します。

手元資金水準が多額で、遊休財産額の保有制限を満たさない可能性がある法人の場合は、特定費用準備資金や資産取得資金の積立を行い、遊休財産額から当該資金積立を控除します。

また、単年度で使い切れないような多額の寄附を受け入れる可能性があ

る場合は、寄附の使途を明確化してもらい、遊休財産額から指定寄附を原資とした積立金を控除します。

⑤ 他の同一の団体の役職員との兼職状況

　NPO法人の場合、他の同一の団体の役員・使用人と法人の役員の兼職状況について、特に制約はありませんが、公益法人の場合は、他の同一の団体の役員・使用人と法人の役員（理事・監事）の兼職状況が3分の1を超えてはならないという規定があります。

　そのため、特定の自治体や特定の企業、特定の学校等、特定の団体との関連性が強い法人については、3分の1規定を満たすか否か留意する必要があります。もし、3分の1規定を満たさない可能性がある場合は、候補者の見直しや役員の増員を検討することになります。

　なお、認定NPO法人の場合、特定の法人の役員・使用人等と法人の役員の兼職状況が3分の1を超えてはならないとする類似の基準があるため、認定NPO法人であれば、公益法人の3分の1規定を満たす可能性が高いと考えられます。

（4）公益法人化後の行政による監督

　公益法人になると行政庁の監督下となり、定期提出書類や定期的な立入検査などの対応が必要になります。他方、NPO法人も所轄庁の監督下にあるため、定期提出書類の提出義務がありますが、公益法人の定期提出書類の方が作成する書類の分量が多いため、事務負担が大きいといえます。

　また、公益法人とNPO法人のいずれにも変更手続の制度がありますが、事業内容の変更手続に関しては、公益法人の方が厳しいといえます。

　NPO法人の場合、所轄庁の認証が必要となる事業内容の変更とは、定款の事業を変更するようなレベルの変更です。他方、公益法人の場合、既存の定款の事業で読み込める範囲内での変更、すなわち、定款の変更を必要としないようなレベルの変更であったとしても、申請書類上の事業概要

の記載を変更する限り、原則として変更手続が必要となります。

　事業内容について、あまり見直しがないような法人の場合は特に問題となりませんが、事業内容を臨機応変に見直す可能性があるような法人の場合は、公益法人になると変更手続による事務負担が大きくなる点に留意が必要です。

（5）公益法人化が適していると考えられるケース

　公益法人化を目指すにあたっては、財務3基準や役員の3分の1規定などの認定基準について、ある程度の余裕をもって満たしていることが重要となります。なぜなら、ぎりぎりの水準で認定基準を満たすような法人の場合、公益法人化後、常に認定基準に抵触するリスクを抱えながら運営することになるからです。そのため、公益法人を目指すにあたっては、認定基準を長期安定的に満たすことが可能か否かが重要となります。

　長期安定的に認定基準を満たすことが可能な場合であったとしても、公益法人化が適しているか否かというのは別問題です。公益法人には、多くの税制上の優遇措置が認められている一方で、財務3基準の遵守や定期提出書類の作成、定期的な立入検査の対応、変更手続の対応など多くの運営上の規制や制約があります。そのため、運営上の規制や制約による事務負担以上に、公益法人化することのメリットがあるのか否かが重要となります。

　公益法人化のメリットとしては、一般的に税制上の優遇措置が挙げられますが、当該税制上の優遇措置が重要になるか否かはケースバイケースです。

　NPO法人と公益法人は、いずれも収益事業課税の法人であり、法人税の計算方法や消費税の計算方法の基本的な部分は同じです。公益法人には多くの税制上の優遇措置が認められていますが、当該優遇措置を使う機会があるか否かは別問題であり、仮に公益法人となったとしても、税務的にほとんどNPO法人と変わらないようなケースもあります。そのため、NPO法人を公益法人化するにあたっては、税制上の優遇措置を活用できるようなケースかどうかを見極めることが重要となります。

① 法人税の節税効果が大きく見込まれるケース（公益目的事業の範囲）

　NPO法人の場合、たとえ特定非営利活動に係る事業であったとしても、法人税法施行令上の34事業に該当すれば、法人税法上の収益事業に該当することになります。他方、公益法人の場合、認定法上の公益目的事業に該当すれば、たとえ法人税法施行令上の34事業に該当していたとしても、法人税法上の収益事業から除外されることになります。

　そのため、公益目的事業として説明可能な黒字事業を公益目的事業とすれば、法人税法上の収益事業から除外されるため、法人税の節税効果を図ることができます。公益目的事業は、収支相償の観点から原則として赤字の事業とする必要がありますが、相互に関連する事業については、1つの事業にまとめることが可能であるため、公益目的事業として説明可能な黒字事業と赤字事業を1つの公益目的事業にまとめることができれば、法人税の節税効果を図ることができます。

【黒字事業と赤字事業をまとめる場合】

	講習会 （34事業以外）	出 版 （34事業）	合 計 （普及啓発）
収　益	200	100	300
費　用	300	50	350
損　益	△100	50	△50
NPO法人の場合の課税所得	―	50	50
公益法人の場合の課税所得	―	―	―

　たとえば、講習会事業（34事業以外）では、△100の赤字、出版事業（34事業）では、50の黒字が生じているとします。このような場合、NPO法人であれば、出版事業だけが法人税法上の収益事業となり、出版事業の黒字50に対して課税が生じます。

　他方、仮に講習会事業と出版事業をまとめて、1つの普及啓発事業（公益目的事業）として説明可能な場合、普及啓発事業としては△50の赤字に

なり、収支相償は満たしているといえます。

　公益法人の公益目的事業は、たとえ34事業であっても法人税法上の収益事業から除外されるため、普及啓発事業全体が法人税法上の収益事業から除外され、法人税が課税されないことになります。

　なお、34事業をすべて公益目的事業に含めることによって、法人税法上の収益事業がなくなる場合、法人税の申告義務もなくなります。さらに、法人税法上の収益事業を行っていない法人の場合、法人住民税均等割も減免になる自治体も多いため、さらなる節税効果を図ることができます。

　このようにNPO法人では課税が生じていても、公益法人化することにより課税が生じなくなるようなケースにおいては、公益法人化するメリットがあるといえます。

② 法人税の節税効果が大きく見込まれるケース（みなし寄附金）

　公益法人の場合、みなし寄附金を適用することができます。みなし寄附金とは、収益事業に属する資産のうちから公益目的事業のために支出した金額がある場合、法人内部の振替であるにも関わらず、寄附金とみなして損金算入を認める制度のことです（法法37⑤）。公益法人の場合、仮に収益事業によって多額の利益が生じるケースであったとしても、みなし寄附金を利用すれば課税所得を圧縮することが可能です。

　NPO法人の場合、みなし寄附金を適用することはできません。なお、認定NPO法人の場合、みなし寄附金を適用することができますが、損金算入限度額は、所得金額の50％又は200万円のいずれか多い額までとなります。

　他方、公益法人の場合、みなし寄附金の損金算入限度額は、原則として課税所得の50％ですが、収益事業等からの利益の繰入を50％超行う法人においては、50％超の部分についても損金算入することができます。そのため、収益事業等から100％の利益の繰入を行う法人の場合、課税所得を100％圧縮できるケースもあるため、節税効果が大きいといえます。

みなし寄附金を適用することによって大きな節税効果が見込めるようなケースにおいては、公益法人化するメリットがあるといえます。

③ 個人から多額の寄附が見込まれるケース

個人から多額の寄附が見込まれるケースにおいては、寄附者側の税制優遇の有無が特に重要となります。

たとえば、含み益がある財産を相続し、当該相続財産を法人に寄附した場合、通常であれば、相続財産に対する相続税や財産のみなし譲渡所得課税が発生しますが、公益法人に対する寄附であれば、相続税及び譲渡所得を非課税とした上で、さらに寄附金控除も適用することができます。

【公益法人へ相続財産を寄附した場合の課税関係】

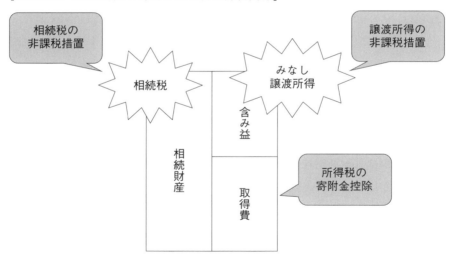

上記の優遇措置については、認定 NPO 法人も対象となりますが、認定NPO 法人となるためにはパブリックサポートテストの要件を満たす必要があるため、基本的に寄附の多い法人でなければ認定 NPO 法人を目指すことはできません。

他方、公益法人の認定基準には、パブリックサポートテストのような要

件はないため、寄附収入があまりない法人であっても、公益法人になることは可能です。

そのため、寄附収入がなく認定NPO法人を目指すことが難しいものの、寄附金優遇税制を受けることにより、寄附の受け皿を目指すようなケースにおいては、公益法人化するメリットがあるといえます。

2　公益社団法人化の流れ

NPO法人の公益社団法人化にあたっては、直接、NPO法人を公益社団法人にできるわけではありません。なぜなら、NPO法人と公益社団法人は、それぞれ別の法律に基づく法人だからです。

公益社団法人化にあたっては、まず、一般社団法人を設立し、当該一般社団法人において公益認定申請を行います。なお、一般社団法人は設立直後であったとしても、公益認定の申請を行うことができます。なぜなら、公益認定の審査は、将来の事業計画や収支予算の内容を基礎に行われるからです。仮に、一般社団法人としての活動実績がまったくなかったとしても、既存のNPO法人としての活動実績を説明することによって、事業計画や収支予算の実現可能性を説明することができます。

公益認定の審査終了後、公益認定処分を受けることで、一般社団法人が公益社団法人になります。そして、NPO法人から事業を引き継ぐことで、公益社団法人としての事業をスタートさせます。

なお、一般社団法人が公益社団法人になり、NPO法人から公益社団法人に事業を譲渡したとしても、その時点でNPO法人が消滅し、NPO法人の公益社団法人化が完了するわけではありません。なぜなら、NPO法人が消滅するためには、別途、解散・清算の手続を行う必要があるからです。NPO法人の清算が結了し、NPO法人の残余財産を公益社団法人へ譲渡した時点で、NPO法人の公益社団法人化が完了することになります。

NPO法人の公益社団法人化のスケジュールの例は、次のとおりです。

【NPO 法人の公益社団法人化のスケジュールの例（3 月決算）】

	NPO 法人	一般社団法人 公益社団法人
×0 年総会以前	公益社団法人化の事前検討	―
×0 年5～6 月	総会において公益社団法人化の決議	―
×0 年7 月	―	一般社団法人の設立
×0 年8～12 月	―	公益認定申請・審査
―	―	公益認定答申
×1 年4 月1 日	公益社団法人へ事業譲渡	公益認定処分→公益法人化 NPO 法人からの事業譲受
×1 年5～6 月	×0 年度決算承認 NPO 法人の解散	×0 年度決算承認
×1 年7～8 月	NPO 法人の清算手続	―
×1 年9 月	NPO 法人の清算結了 残余財産の譲渡	残余財産の譲受

　公益認定の審査期間は通常 4 ヵ月程度とされていますが、検討論点が多い場合は 1 年以上かかることもあります。なお、公益法人になった日をもって分かち決算を行う必要があるため、行政庁において公益認定処分日を調整してもらうことが可能な場合は、事業年度開始日に公益法人になるように調整してもらいます。なぜなら、事業年度開始日に公益法人になることができれば、ちょうど事業年度区切りで一般社団法人の決算（×0 年度）と公益社団法人の決算（×1 年度）が区切られることになり、分かち決算を回避することが可能になるからです。

　×0 年度の事業活動は NPO 法人が行い、一般社団法人は法人設立・公益認定の審査、事業譲受の準備を行います。他方、×1 年度は、NPO 法人から事業を譲り受けた公益社団法人が事業を行い、NPO 法人は解散・清算手続のみを行います。

（1）事前の検討

　まず、NPO 法人の公益社団法人化を目指すにあたっては、法人にとっ

て公益社団法人化するメリットがあるか否か、一般法や認定法における運営上の規制・制約に問題がないか検討します。特に、財務3基準等の認定基準を長期安定的に満たすことができるかどうかが重要となります。詳しくは、前項の「第4章5　**1**公益社団法人化すべきか否か」をご参照ください。

（2）NPO法人の社員総会における承認

　NPO法人の公益社団法人化は、法人にとって重要な意思決定事項であるため、社員の意思を確認しておく必要があります。そのため、NPO法人の最高意思決定機関である社員総会において、NPO法人を公益社団法人化することにつき、承認を得ておく必要があります。

　なお、NPO法人の解散は、一般社団法人を設立し、当該一般社団法人を公益法人化した上で、NPO法人から公益社団法人に事業を引き継いだ後に行います。そのため、このタイミングではNPO法人の解散決議までは行いません。

　「（6）NPO法人の役員の辞任」で後述しますが、役員の3分の1規定の関係上、NPO法人の役員と公益社団法人の役員の兼職状況を3分の1以下にする必要があるため、公益社団法人移行と同時に、NPO法人の役員の人数を減らす必要があります。仮に定款上の定数の下限が大きく、定款変更をしない限り、役員の人数を減らすことができない場合は、役員の定数の下限を変更する定款変更を行っておく必要があります。

【NPO法人の定款変更の例】

変更前のNPO法人の定款	変更後のNPO法人の定款
理事　16名以上20名以内 監事　2名	理事　3名以上20名以内 監事　1名以上2名以内

　仮に、役員の兼職状況の観点から、公益社団法人とNPO法人の理事の兼職状況を5名以下、監事の兼職状況を1名にしたい場合、変更前の定款ではNPO法人の定数の下限に抵触するため、役員を減らすことができ

ません。このような場合、NPO法人の定款上の役員の定数の下限を法律上の最低人数（理事3名・監事1名）に変更しておきます。

なお、NPO法人における定款の変更は、原則として所轄庁の認証が必要になりますが、役員の定数変更に関しては、認証ではなく届出手続となります。

（3）一般社団法人の設立

一般社団法人を設立します。まず、定款を作成した上で、公証役場で定款認証を行い、その後、法務局に設立登記申請を行います。事前の定款案の準備や設立登記関係書類の準備さえ順調に整えば、最短10日程度で法人設立をすることも可能です。

法人設立にあたっては、次の事項について検討しておく必要があります。

① 事業の位置づけ

NPO法人の公益社団法人化においては、既存のNPO法人の事業のうち、どの事業を公益目的事業として位置づけ、どの事業を収益事業、共益事業に位置づけるのか検討します。

通常、NPO法人の特定非営利活動に係る事業が公益目的事業の候補になり、NPO法人のその他の事業が収益事業や共益事業の候補になると思われますが、公益社団法人化を機に改めて事業の内容を見直した上で、事業の位置づけを検討するケースもあると思われます。

事業の位置づけは、公益目的事業のチェックポイントや財務3基準の観点から行います。なお、公益法人の公益目的事業に該当すれば、法人税法上の収益事業から除外することが可能となるため、認定基準を満たす範囲で、法人税法上の課税所得を圧縮することが可能か否か検討することになります。

【事業の位置づけ】

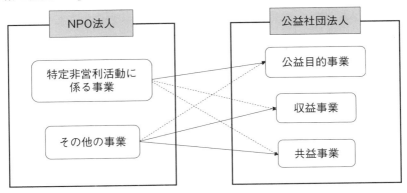

② 社員の位置づけ

　複数の会員種別を有している法人の場合、どの会員種別を法律上の社員として位置づけるのか決めておく必要があります。通常、NPO法人の公益社団法人化においては、NPO法人の時の法律上の社員を公益（一般）社団法人の社員に位置づけるケースが多いと思われます。

　なお、一般社団法人を設立する場合、設立時社員の人数に留意が必要です。法律上の社員数が多いNPO法人の場合、最終的には、NPO法人の法律上の社員を一般社団法人の社員とする予定であったとしても、法人設立時の社員数は必要最低限の2名としておくのが望ましいといえます。なぜなら、定款認証の際の一般社団法人の定款には、設立時社員の押印と印鑑証明書の添付が必要となるためです。

　設立時社員以外の社員については、設立後の一定の時期（たとえば公益法人となった日）に、まとめて入会してもらう形をとるのが望ましいといえます。

③ 役員の位置づけ

　NPO法人の役員は、理事と監事です。一方、公益（一般）社団法人の役員も理事と監事です。公益社団法人を前提とする場合は、必ず理事会を設置する必要があり、最低でも理事3名、監事1名が必要となります。役

員の最低人数に関しては、NPO法人と同じです。

　NPO法人の場合、原則としてすべての理事が代表権を有していますが、代表権を有する理事を定款において限定することもできます。他方、理事会設置の公益（一般）社団法人においては、理事の中から代表権を有する代表理事を選定する必要があり、必要に応じて業務を執行する業務執行理事を選定する必要があります。

　NPO法人の公益社団法人化においては、通常、NPO法人の理事・監事がそのまま公益社団法人の理事・監事になるケースが多いといえますが、他の同一の団体との役員の兼職状況が多い法人は留意が必要です。なぜなら、公益社団法人の場合、他の同一の団体との兼職状況に規制があるからです。

　たとえば、理事が10名いる法人で、このうちA法人（公益法人ではない）との役員兼職が4名だったとします。この場合、兼職状況としては、4／10＝40％となり、他の同一の団体の3分の1規定に抵触します。そのため、このような場合は、分子となる兼職人数を減らすか又は分母となる役員の人数を増やす等の対策を講じる必要があります。

【他の同一の団体の3分の1規定の対策例】

1	A法人との役員兼職4名のうち、少なくとも1名については公益法人の役員とせずに、A法人との兼職人数を3分の1以下とします。
2	A法人との兼職のうち、少なくとも1名についてA法人の役員を辞任してもらい、A法人との兼職人数を3分の1以下とします。
3	A法人との兼職が4名であっても3分の1以下になるように、少なくとも理事を2名増員します。

④ 社員総会・理事会の位置づけ

　公益（一般）社団法人における社員総会は、社員から構成される最高意思決定機関です。他方、公益（一般）社団法人における理事会は、法人運営に関する意思決定機関となります。

　公益（一般）社団法人においては、法律上、社員総会の決議が必要な項

目が多く定められているため、NPO法人のように役員の選任を理事会で行うことは認められていません。

【必ず社員総会の決議が必要なもの（代表例）】

1	決算の承認	4	定款変更
2	役員の選任	5	合　併
3	役員報酬（定款又は社員総会の決議）	6	解　散

【社員総会か理事会か選択可能なもの（代表例）】

1	事業計画・予算の承認	2	入会金・会費の金額

（4）一般社団法人の設立後の手続

　一般社団法人を設立したら、まず、都道府県・市区町村に対して、法人設立届出書を提出します。公益認定の申請にあたっては、滞納処分を受けたことがない証明書を添付する必要がありますが、法人設立届出書を提出していないと、都道府県・市区町村から当該証明書を取得することができないため留意が必要です。当該証明書については、国税（所轄税務署）と地方税（各都道府県・市区町村）から取得する必要があります。

（5）一般社団法人の公益認定申請

　一般社団法人の設立後、公益認定申請を行います。公益認定申請は、一般社団法人の設立直後であっても申請することができます。設立直後に公益認定申請を行うにあたっては、翌事業年度の事業計画・予算を添付します。そのほか、役員報酬規程、会員規程、会費規程等も添付する必要があります。

　公益認定申請にあたっては、少なくとも一般社団法人としての理事会の承認を得て行う必要があります。そのため、事業計画・予算・諸規程類・申請書類について、少なくとも理事会の承認（場合によっては社員総会の承認）を得た上で公益認定申請を行うことになります。

（6）NPO法人の役員の辞任

　通常、NPO法人を公益法人化する場合、NPO法人の役員構成と一般社団法人の役員構成が同一であり、NPO法人と一般社団法人の役員をそれぞれ兼職しているような状況が多いと思われます。

　そのような状況の場合、一般社団法人が公益認定を受けた日をもって一部のNPO法人の役員には辞任してもらう必要があります。なぜなら、まったく同じ役員構成のまま一般社団法人が公益社団法人となった場合、NPO法人の役員と公益社団法人の役員が全員兼職していることになり、他の同一団体の3分の1規定に抵触してしまうことになるからです。

　NPO法人を公益社団法人化しているため、実質的にNPO法人と公益社団法人は同じ団体ではありますが、法律上は別の法人格です。他の同一団体の3分の1規定の例外として兼職が認められているのは、認定法上の公益法人のみであり、NPO法人は認められていません。そのため、兼職状況に抵触しないように、一部の役員については辞任してもらう必要があります。

　たとえば、理事10名、監事2名について、NPO法人の役員と一般社団法人の役員が兼職している場合、公益認定処分を受けた日をもって、理事7名と監事1名についてはNPO法人の理事、監事を辞任してもらい、NPO法人と公益社団法人の兼職状況を3分の1以下に抑える必要があります。

（7）事業譲受に向けた準備

　公益社団法人がNPO法人から事業を譲り受け、事業を実施するにあたっては、金融機関口座や契約の名義等をすべて公益社団法人に変更する必要があります。円滑にNPO法人の運営を公益社団法人に移行するためには、公益法人へ事業譲渡する前に準備を行っておく必要があります。

　一般社団法人と公益社団法人は、名称が異なるものの、法人格としては同じ法人であるため、公益認定を受ける前の一般社団法人の時に準備を進めても問題ありません。なお、一般社団法人と公益社団法人では利子等に

係る源泉所得税の非課税措置の扱いが異なるため、公益認定を受けた後、改めて各金融機関に対し、名称変更等の手続を行っておく必要があります。

【事業譲受に向けた準備】

1	一般社団法人名義の金融機関口座を開設します。公益認定後は、利子等に係る源泉所得税が異なるため、改めて名称変更等の手続を行っておく必要があります。
2	NPO法人で行っている契約を公益（一般）社団法人名義の契約に変更します。
3	従業員等がいる場合は、NPO法人から公益社団法人に転籍してもらいます。それに伴って、社会保険や労働保険、住民税の特別徴収等の手続をNPO法人から公益社団法人に変更する必要があります。
4	公益社団法人化後、法人税法上の収益事業を行う場合は、所轄税務署に対して収益事業開始届出書を提出します。その際、青色申告の承認申請書も合わせて提出し、必要に応じて、棚卸資産の評価方法の届出書や減価償却資産の償却方法の届出書も提出します。
5	給与支払等が発生する場合、所轄税務署に対して給与支払事務所の開設届出書を提出します。また、必要に応じて、源泉所得税の納期の特例の承認に関する申請書を提出します。
6	公益認定後に、都道府県・市区町村に対して、異動届出書を提出します。

（8）NPO法人から公益社団法人への事業譲渡、NPO法人の解散・清算

　一般社団法人の公益認定後、NPO法人から公益社団法人に事業を譲渡し、NPO法人は解散・清算を行うことになります。

　NPO法人の債権・債務を公益社団法人に引き継ぐためには、債権譲渡や債務引受等の手続が必要になるため、煩雑といえます。そのため、短期的な債権・債務であれば、NPO法人の時に回収・支払いを行っておくのが望ましいといえます。

　NPO法人の清算結了時に残余財産を公益社団法人に譲渡し、NPO法人が消滅することによって、NPO法人の公益社団法人化が完了することになります。

【公益社団法人への事業譲渡、NPO法人の解散・清算】

1	NPO法人の事業を公益社団法人へ譲渡します。
2	NPO法人の解散決議を行い、NPO法人を解散させます。NPO法人の解散後、清算手続を行い、残余財産を確定させます。残余財産は、公益社団法人へ譲渡します。
3	NPO法人の債権については、債権譲渡の手続をしない限り、公益社団法人の債権となるわけではないため、NPO法人として回収しておきます。
4	NPO法人の債務については、債務引受の手続をしない限り、公益社団法人の債務となるわけではないため、NPO法人として支払っておきます。

　NPO法人が解散する場合は、原則として総社員の4分の3以上の承認が必要になります（NPO法31の2）。解散時には、残余財産の帰属先を公益社団法人とする旨を決議することになります。解散の承認後は、原則として理事が清算人となり、清算業務を行うことになります（NPO法31の5）。

【NPO法人の解散・清算手続】

1	社員総会において解散を決議します（NPO法31①一）。 その際、残余財産の譲渡先を公益社団法人とします。
2	解散及び清算人の登記を行います。
3	所轄庁に解散届出書、清算人就任届出書を提出します（NPO法31④、31の8）。
4	現務の結了（NPO法31の9①一） 現務の結了とは、NPO法人としての事務を終了させることです。なお、公益社団法人移行時に、NPO法人としての事業は公益社団法人へ事業譲渡するため、事業自体はその時点で終了していることになります。
5	債権の取立て及び債務の弁済（NPO法31の9①二） 債権の取立てと債務の弁済を行います。
6	債権の申出の公告と催告（NPO法31の10） 解散後、遅滞なく債権者に対し、一定の期間内にその債権の申出をすべき旨の催告を官報公告する必要があります。一定の期間は少なくとも2ヵ月間必要となります。また、判明している債権者に対しては、個別の催告も合わせて行う必要があります。
7	清算事務報告書の作成 清算業務の終了後、残余財産を確定させるため、財産目録、貸借対照表及び清算事務報告書を作成し、清算人の承認を得ます。残余財産の確定にあたっては、今後発生する費用を見込んだ上で作成する必要があります。
8	残余財産を公益社団法人に引渡します（NPO法31の9①三）。
9	清算結了の登記を行います。
10	所轄庁に清算結了届出書を提出します（NPO法32の3）。

（9）同時並行期間の留意事項

　NPO 法人の公益法人化においては、一定期間、NPO 法人と一般社団法人の同時並行期間と、NPO 法人と公益社団法人の同時並行期間が生じます。

【NPO 法人の公益法人化における同時並行期間】

法　人	一般法人設立 公益認定申請の期間	公益法人後の期間
一般（公益）社団法人	設立・公益認定申請	公益認定・事業譲受 公益法人として事業実施
NPO 法人	NPO 法人として事業を実施	公益法人へ事業譲渡 解散・清算

　同時並行期間においては、次の点に留意が必要です。

① 決算・税務申告

　同時並行期間においては、NPO 法人と一般社団法人の決算・税務申告がそれぞれ必要となります。仮に、一般社団法人の設立年度において、事業活動を行わずに、ほとんど取引が発生していなかったとしても、一般社団法人としての最初の決算が必要となるため留意が必要です。なお、公益社団法人移行後は、一般社団法人の決算を公益社団法人の理事会・社員総会で承認することになります。

　また、法人税法上の収益事業を行っていない非営利型法人の一般社団法人であっても、少なくとも法人住民税の均等割の申告は必要となります。自治体によっては、収益事業を行っていない法人について均等割の減免を認めていますが、その場合であっても申告書と免除申請書は必要となるため留意が必要です。

【NPO法人の公益法人化における同時並行期間】

法　人	一般法人設立 公益認定申請の期間	公益法人後の期間
一般（公益）社団法人	【設立事業年度】 事業を実施していない場合であっても、少なくとも法人住民税の申告は必要です。	【事業を実施】 収益事業がある場合は法人税の申告が必要です。なお、収益事業がない場合であっても、法人住民税の申告は必要です。 設立直後の事業年度であるため、消費税の課税事業者を選択していない限り消費税の申告はありません。
NPO法人	【事業を実施】 収益事業がある場合は法人税の申告が必要です。なお、収益事業がない場合であっても、法人住民税の申告は必要です。消費税の課税事業者の場合は、消費税の申告は必要です。	【解散・清算事業年度】 事業を実施していない場合であっても、少なくとも法人住民税の申告は必要です。

② 社員総会・理事会運営

　同時並行期間においては、NPO法人と公益（一般）社団法人の社員総会・理事会をそれぞれ開催する必要があります。NPO法人の社員と公益（一般）社団法人の社員が同じであれば、社員総会を同日に開催することが可能です。また、NPO法人の役員と公益（一般）社団法人の役員が兼職している状態であれば、理事会を同日に開催することが可能です。

　なお、公益（一般）社団法人においては、理事会の書面決議が認められていません。そのため、NPO法人と公益（一般）社団法人の理事会を同日に開催しようとする場合は、本人出席で定足数を満たすように留意する必要があります。

③ 運営上の資金

　一般社団法人の設立時には、資金がありません。一般社団法人の設立においては、定款認証手数料や登録免許税、法人印の作成代等の支出が発生

します。そのため、一般社団法人の設立時の一時的な資金については、NPO法人が一時的に立替払いをしておきます。

　公益社団法人移行直後も、事業運営資金が必ずしも十分にあるとはいえません。なぜなら、NPO法人の残余財産は、NPO法人の清算結了時に寄附されるものであり、NPO法人から公益社団法人へ事業を譲渡した時点で財産のすべてが寄附されるわけではないからです。

　会費の徴収をできる限り早いタイミングで行う等により公益社団法人の運営資金を早めに確保する必要がありますが、それでも不十分な場合は、NPO法人が一時的に立て替えることも検討します。

　NPO法人に一時的に立て替えてもらった場合、公益社団法人にはNPO法人に対する債務が、NPO法人には公益社団法人に対する債権（立替金）が生じることになりますが、当該債権債務は、NPO法人の清算結了までの間に精算しておく必要があります。

④　会費の取扱い

　NPO法人の会員と公益（一般）社団法人の会員が同じ場合、同時並行期間が生じることによって、会費を重複して徴収しないように留意する必要があります。

　一般社団法人の設立直後の事業年度においては、NPO法人側で会費を徴収するため、一般社団法人側で会費を徴収しないようにします。一方、NPO法人の解散・清算事業年度においては、公益社団法人側で会費を徴収するため、NPO法人側で会費を徴収しないようにします。

　また、会費の振込先口座が変更となるため、会員に対して、振込先口座の変更を周知しておくことが必要になります。

3 財産譲渡・譲受時の税務上の取扱い

（1）財産譲渡側の処理（NPO 法人）

　NPO 法人側においては、保有している財産を公益社団法人に無償で譲渡するため、財産の譲渡損（寄附）を計上することになります。

　NPO 法人の公益社団法人化にあたって、財産を譲渡する取引は、法人税法上の収益事業に該当しません。また、当該取引は、対価性のない取引であるため、消費税法上、不課税取引となります。

（2）財産譲受側の処理（公益社団法人）

　公益社団法人側においては、無償で譲り受けた財産を公正な評価額で評価し、資産受贈益（受取寄附）を計上することになります。

　財産を譲り受ける取引は、法人税法上の収益事業に該当しないため、法人税は発生しません。また、当該取引は、対価性のない取引であるため、消費税法上、不課税取引となります。公益社団法人は、相続税法上の持分の定めのない法人に該当しますが、法人からの贈与に関して、みなし贈与課税が発生することもありません。

6 | 一般法人の 公益法人化

1 公益法人化すべきか否か

（1）公益法人化するメリット

　公益法人化するメリットとしては、まず、社会的信用性の向上が挙げられます。厳しい認定基準を充足している公益法人は、一般的に社会的信用性が高いといえます。また、公益法人には、多くの税制上の優遇措置が認められています。さらに、公益目的支出計画実施中の一般法人の場合は、公益法人になることで公益目的支出計画が完了するというメリットもあります。

【一般法人と公益法人の税務上の取扱い】

税　目	一般法人			公益法人
	非営利型法人以外の法人	非営利型法人		
		非営利性徹底	共益的活動目的	
法人税	全所得課税	収益事業課税		収益事業課税です（公益目的事業の場合、34事業であっても収益事業から除外）。みなし寄附金を適用できます（所得の100%をみなし寄附金とすることも可能）。
消費税	一般課税で計算する場合において、特定収入割合が5％超となるときは、特定収入に係る課税仕入れを調整計算する必要があります。			一般課税で計算する場合において、特定収入割合が5％超となるときは、特定収入に係る課税仕入れを調整計算する必要があります。一定の要件を満たした寄附金は、特定収入から除外することが可能です。

利子等の源泉所得税	課税されます。なお、源泉所得税については、所得税額控除が可能です。	課税されます。なお、収益事業に係る利子等の源泉所得税については、所得税額控除が可能です。	課税されません。
個人からの寄附に対する相続税・贈与税	不当減少に該当する場合に課税されます。不当減少に該当しないためには、相続税法施行令第33条第4項の要件をすべて満たした上で、さらに相続税法施行令第33条第3項で判定します。	不当減少に該当する場合に課税されます。不当減少に該当するか否かは、原則として相続税法施行令第33条第3項で判定します。	
寄附金優遇（所得控除）	―		適用できます。
寄附金優遇（税額控除）			パブリックサポートテストを満たした法人は適用できます。
譲渡所得の非課税措置（一般特例）	―	一定の要件を満たせば適用できます。	―	一定の要件を満たせば適用できます。
譲渡所得の非課税措置（承認特例）	―		一定の要件を満たせば適用できます。
相続税の非課税措置	―		一定の要件を満たせば適用できます。

（2）公益法人化するにあたっての認定基準

　公益法人となるためには、事業・運営・収支構造が公益認定の基準を満たしている必要があります。公益認定の実務において、特に重要となる認定基準は、次のとおりです。

① 公益目的事業

　公益法人となるためには、公益目的事業を主たる目的として行う必要があります。公益目的事業とは、不特定かつ多数の利益の増進に寄与する事業です。公益法人化するにあたっては、まず、公益目的事業として説明可

能な事業があるかどうかが重要になります。

　なお、公益目的支出計画実施中の一般法人が公益法人を目指す場合は、実施事業等が公益目的事業の候補となります。実施事業等とは、旧来の社団法人・財団法人の時に実施していた公益的な事業である継続事業、認定法上の公益目的事業、特定寄附ですが、いずれも基本的には公益的な事業や寄附であるため、公益目的事業として説明可能なケースが多いと考えられます。

　公益認定の審査においては、公益目的事業に該当するか否かについて、内閣府の公表しているチェックポイントに照らして細かく審査されます。そのため、公益目的事業のチェックポイントの要件を満たすか否かが重要となります。

【公益目的事業となるための主なチェックポイント】

1	不特定多数の者の利益の増進に寄与することを主たる目的として位置づけ、適当な方法で明らかにしているか。
2	受益の機会が公開されているか。
3	専門家が適切に関与しているか。
4	公正性が確保されているか。
5	不当に多額の支出はないか。
6	事業が丸投げ外注でないか。
7	情報公開を適切に行っているか。
8	業界団体の販売促進や共同宣伝になっていないか。

② 収支相償の検討・対策

　公益目的事業の候補が決まったら、当該公益目的事業に関して、収支相償を満たすか否かを確認しておきます。収支相償には、公益目的事業ごとで判定する第一段階と公益目的事業会計全体で判定する第二段階がありますが、第二段階の計算が特に重要となります。

　なぜなら、第一段階の収支相償は満たしていたとしても、入会金収入や会費収入、公益全体の寄附収入、収益事業等からの利益の繰入を含めて計

算すると、第二段階の収支相償を満たさなくなるケースがあるからです。

　たとえば、公益目的支出計画実施中の一般法人が実施事業等を公益目的事業に位置づけて公益法人化を目指す場合、公益目的支出は赤字であるため、基本的には第一段階の収支相償は満たすケースが多いものと思われます。しかしながら、公益目的支出の赤字には、使途の定めのない入会金収入や会費収入、寄附金収入は含まれていないため、このような収入を含めて収支を判定すると黒字になり、第二段階の収支相償を満たさなくなるケースもあり得ます。

　そのため、第二段階の収支相償を満たす観点から、入会金収入や会費収入の計上区分、寄附金収入の計上区分の検討が重要となります。

ａ．入会金・会費収入の使途の定め

　一般法人の場合、入会金収入や会費収入は、すべて法人会計の経常収益に計上しているケースが多いと思われますが、公益法人の場合、使途の定めの有無によって計上する区分が異なってきます。

　公益社団法人の場合、使途の定めのない入会金・会費の50％を公益目的事業会計に計上する必要があります。また、公益財団法人の場合、使途の定めのない入会金・会費の100％を公益目的事業会計に計上する必要があります。しかしながら、会費規程等において、入会金や会費の使途を定めれば、基本的には定めた比率に基づいて各会計区分に入会金収入や会費収入を計上することが可能です。

　そのため、法人会計の使途の割合を高くし、公益目的事業会計の使途の割合を低くすれば、その分、公益目的事業会計の経常収益が少なくなるため、収支相償が満たしやすくなります。ただし、法人会計の使途の割合を高く設定することにより、法人会計が必要以上に黒字となるような場合は、行政庁から見直しを求められる可能性があるため留意が必要です（FAQ Ⅴ－8－①）。

b．寄附金の使途の定め

　使途の定めのない寄附金に関して、一般法人の場合、すべてを管理部門の経常収益に計上しているケースが多いと思われますが、公益法人の場合、どの正味財産区分に計上するのかがとても重要になります。

　なぜなら、公益目的事業会計の経常収益に計上すればするほど、その分だけ収支相償を満たすのが難しくなるからです。公益法人の場合、使途の定めのない寄附金は、100％公益目的事業会計の一般正味財産増減の部の経常収益に計上し、収支相償の計算に含めることになります。他方、使途の指定がある寄附金は、会計上、指定正味財産増減の部に計上し、使った金額だけを一般正味財産増減の部に振替えることになります。その結果、使途の指定を受けた寄附については、公益目的事業として使用した金額だけを収支相償の計算に含めることになるため、使途の指定を受ければ、その分だけ収支相償を満たしやすくなります。

　また、使途の定めがある寄附金の場合、未使用の残高は遊休財産額の計算から除外されるため、遊休財産額の保有制限も満たしやすくなります。

　使途の定めのない寄附の方が、法人にとって自由に使用することができ、運用しやすい面もありますが、1事業年度では使い切らないような多額の寄附を受ける際には、使途の定めを受けていないと、収支相償や遊休財産額の保有制限を満たさなくなる可能性があるため、留意が必要です。

c．公益に係る資金積立

　公益目的事業に係る特定費用準備資金の積立は、みなし費用として収支相償の計算上、費用に含めることができます。また、収益事業等からの利益の繰入が50％超の法人においては、公益目的保有財産の取得に係る資産取得資金の積立も、みなし費用として収支相償の計算上、費用に含めることができます。

　公益に係る資金積立は、収支相償を満たすための手段になりますが、資金を取り崩す際には収入となるため、長期的な視点でみて有利になるわけ

ではありません。

　資金積立は、公益法人移行後、短期的に収支相償を満たすのが厳しい際の急場の対策として有効な手段です。他方、公益法人を目指す段階において、資金積立を行わないと収支相償を満たさないような収支構造の法人は、資金取崩しの都度、新しい資金積立を行うことが必要になる可能性が高いため、長期安定的に収支相償を満たすことが可能か否か慎重な判断が必要になります。

③ 公益目的事業比率の検討・対策

　公益法人の場合、公益目的事業を行うことを主たる目的としなければなりません。主たる目的としているか否かは、法人全体の費用のうち、原則として50%以上を公益目的事業の費用としているか否かで判断されます（公益目的事業比率）。

　なお、公益目的事業比率の計算上、特定費用準備資金の積立やボランティア費用は、みなし費用として計算することができます。このようなみなし費用は、公益に係る費用（分母・分子）だけではなく、収益や管理に係る費用（分母）も含めて計算します。公益に係るみなし費用は有利に働きますが、収益や管理に係るみなし費用は不利に働くため、みなし費用は必ずしも公益目的事業比率の計算上、有利に働くとは限らない点に留意が必要です。

④ 遊休財産額の保有制限の検討・対策

　遊休財産額の保有制限のおおよその目安としては、手元資金水準（流動資産－流動負債）が、1年間分の公益目的事業費を超えていないか否かで判定します。

　手元資金水準が多額で、遊休財産額の保有制限を満たさない可能性がある法人の場合は、特定費用準備資金や資産取得資金の積立を行い、遊休財産額から当該資金積立を控除します。

　また、単年度で使い切れないような多額の寄附を受け入れる可能性がある場合は、寄附の使途を明確化してもらい、遊休財産額から指定寄附を原資とした積立金を控除します。

⑤ 他の同一の団体の役職員との兼職状況

　公益法人には、他の同一の団体の役員・使用人と法人の役員（理事・監事）の兼職状況が3分の1を超えてはならないという規定があります。また、公益財団法人の評議員に関して、認定法上に規定はありませんが、評議会が評議員を選任する方法を選択する場合には、行政庁における定款審査において、理事・監事と同様の3分の1規定が求められます。

　そのため、特定の自治体や特定の企業、特定の学校等、特定の団体との関連性が強い法人については、3分の1規定を満たすか否か留意する必要があります。もし、3分の1規定を満たさない可能性がある場合は、候補者の見直しや役員の増員を検討することになります。

（3）公益法人化後の行政による監督

　公益法人になると行政庁の監督下となり、定期提出書類や定期的な立入検査、変更手続などの対応が必要になるため、事務負担が大きくなります。特に、事業内容の変更に関しては、原則として事前審査が必要な手続となるため、事業内容を臨機応変に見直す可能性がある法人にとっては、大きな負担になります。

　なお、一般法人のうち、公益目的支出計画実施中の法人は、公益法人同様、行政庁の監督下にあるため、定期提出書類や変更手続が求められていますが、公益法人の方が提出書類の範囲や変更手続の範囲が広いため、公益法人になると事務負担が大きくなります。

（4）公益法人化が適していると考えられるケース

　公益法人化を目指すにあたっては、財務3基準や役員の3分の1規定

などの認定基準を、ある程度の余裕をもって満たしていることが重要となります。なぜなら、ぎりぎりの水準で認定基準を満たすような法人の場合、公益法人化後、常に認定基準に抵触するリスクを抱えながら運営することになるからです。公益法人を目指すにあたっては認定基準を長期安定的に満たすことが可能か否かが重要となります。

　長期安定的に認定基準を満たすことが可能な場合であったとしても、公益法人化が適しているか否かというのは別問題です。公益法人には、多くの税制上の優遇措置が認められている一方で、財務3基準の遵守や定期提出書類の作成、定期的な立入検査の対応、変更手続の対応など多くの運営上の規制や制約があります。そのため、運営上の規制や制約による事務負担以上に、公益法人化することのメリットがあるのか否かが重要となります。

　公益法人化のメリットとしては、一般的に税制上の優遇措置が挙げられますが、当該税制上の優遇措置が重要になるか否かはケースバイケースです。

　一般法人と公益法人は、いずれも収益事業課税の法人であり、法人税の計算方法や消費税の計算方法の基本的な部分は同じです。公益法人には多くの税制上の優遇措置が認められていますが、当該優遇措置を使う機会があるか否かは別問題であり、仮に公益法人となったとしても、税務的にほとんど一般法人と変わらないようなケースもあります。そのため、一般法人を公益法人化するにあたっては、税制上の優遇措置を活用できるようなケースかを見極めることが重要となります。

① 法人税の節税効果が大きく見込まれるケース（公益目的事業の範囲）

　公益法人化を検討するような一般法人は、収益事業課税となる非営利型法人を選択しているケースが多いと思われます。そのため、基本的に法人税法施行令上の34事業に該当するか否かによって、法人税法上の課税所得の範囲を判定することになります。他方、公益法人の場合、認定法上の公益目的事業に該当すれば、たとえ法人税法施行令上の34事業に該当し

ていたとしても、法人税法上の収益事業から除外されることになります。

　そのため、公益目的事業として説明可能な黒字事業を公益目的事業とすれば、法人税法上の収益事業から除外されるため、法人税の節税効果を図ることができます。公益目的事業は、収支相償の観点から原則として赤字の事業とする必要がありますが、相互に関連する事業については、1つの事業にまとめることが可能であるため、公益目的事業として説明可能な黒字事業と赤字事業を1つの公益目的事業にまとめることができれば、法人税の節税効果を図ることができます。

【黒字事業と赤字事業をまとめる場合】

	講習会 （34事業以外）	出　版 （34事業）	合　計 （普及啓発）
収　　益	200	100	300
費　　用	300	50	350
損　　益	△100	50	△50
一般法人（非営利型法人）の 場合の課税所得	―	50	50
公益法人の場合の課税所得	―	―	―

　たとえば、講習会事業（34事業以外）では△100の赤字、出版事業（34事業）では50の黒字が生じているとします。このような場合、一般法人（非営利型法人）であれば、出版事業だけが法人税法上の収益事業となり、出版事業の黒字50に対して課税が生じます。

　他方、仮に講習会事業と出版事業をまとめて、1つの普及啓発事業（公益目的事業）として説明可能な場合、普及啓発事業としては△50の赤字になり、収支相償は満たしているといえます。

　公益法人の公益目的事業は、たとえ34事業であっても法人税法上の収益事業から除外されるため、普及啓発事業全体が法人税法上の収益事業から除外され、法人税が課税されないことになります。

　なお、34事業をすべて公益目的事業に含めることによって、法人税法

上の収益事業がなくなる場合、法人税の申告義務もなくなります。さらに、法人税法上の収益事業を行っていない法人の場合、法人住民税均等割も減免になる自治体も多いため、さらなる節税効果を図ることができます。

このように一般法人（非営利型法人）では課税が生じていても、公益法人化することにより課税が生じなくなるようなケースにおいては、公益法人化するメリットがあるといえます。

② 法人税の節税効果が大きく見込まれるケース（みなし寄附金）

公益法人の場合、みなし寄附金を適用することができます。みなし寄附金とは、収益事業に属する資産のうちから公益目的事業のために支出した金額がある場合、法人内部の振替であるにも関わらず、寄附金とみなして損金算入を認める制度です（法法37⑤）。公益法人の場合、仮に収益事業によって多額の利益が生じるケースであったとしても、みなし寄附金を利用すれば、課税所得を圧縮することが可能です。

一般法人には、みなし寄附金制度はないため、みなし寄附金を適用することによって大きな節税効果が見込めるようなケースにおいては、公益法人化するメリットがあるといえます。

③ 個人からの多額の寄附が見込まれるケース

個人から多額の寄附が見込まれるケースにおいては、寄附者側の税制優遇の有無が特に重要となります。

たとえば、含み益がある財産を相続し、当該相続財産を法人に寄附した場合、通常であれば、相続財産に対する相続税、財産のみなし譲渡所得課税が発生しますが、公益法人に対する寄附であれば、相続税及び譲渡所得を非課税とした上で、さらに寄附金控除も適用することができます。

【公益法人へ相続財産を寄附した場合の課税関係】

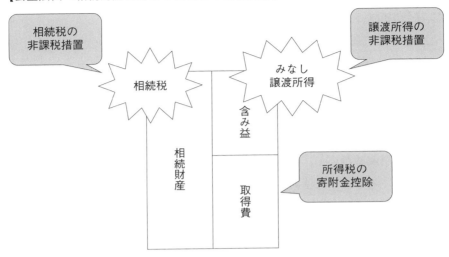

　非営利性が徹底された一般法人の場合、一定の要件を満たせば、譲渡所得の非課税措置を適用することは可能ですが、相続税の非課税措置や所得税の寄附金控除はないため、寄附の受け皿を目指すようなケースにおいては公益法人化するメリットがあるといえます。

④ 財産の運用益が大きいケース

　公益法人になると利子等に係る源泉所得税が非課税となります。少額の預金利息しかないような法人にとっては、源泉所得税の非課税措置の有無はあまり関係ありませんが、財産の運用益が大きい法人にとっては、源泉所得税が非課税となるか否かは大きな影響があるといえます。たとえば、1億円の債券運用益がある法人において、通常であれば、15百万円（15.315%）の源泉所得税が発生しますが、公益法人になれば、当該源泉所得税が非課税になるため、影響は大きいといえます。多額の財産を保有して、多額の運用益を計上しているような一般財団法人の場合、公益法人化するメリットが大きいといえます。

⑤ 公益目的支出計画実施中の一般法人が公益法人化することで赤字額を減らすことができるケース

公益目的支出計画においては、公益目的財産額を減少させて最終的にゼロにする必要があるため、毎年度一定水準以上の赤字が求められます。

他方、公益法人における収支相償は、収支ゼロでも問題なく、必要以上に赤字を大きくする必要はありません。特に寄附金収入や会費収入があまりない法人や収益事業等からの繰入利益があまりない法人の場合、第二段階の収支相償において、公益全体にかかる収益・利益があまりないことになります。そのような法人の場合は、公益目的事業の赤字を必要以上に大きくする必要はありません。

たとえば、次のような公益目的支出計画を実施している一般法人があるとします。公益目的支出計画の観点から一定規模の赤字を計上する収支構造になっています。

【一般法人の公益目的支出計画の例】

	実施事業等会計	その他事業会計	法人会計	合　計
事業収益	400	600	―	1,000
経常収益計	400	600	0	1,000
事業費	900	100	―	1,000
管理費	―	―	200	200
経常費用計	900	100	200	1,200
経常増減	△500	500	△200	△200

このような収支構造の一般法人を公益法人化したとします。仮に、実施事業等を公益目的事業とし、その他事業を収益事業等とした場合、次のようになります。

【公益法人の例】

	公益目的事業会計	収益事業等会計	法人会計	合　計
事業収益	400	600	—	1,000
経常収益計	400	600	0	1,000
事業費	900	100	—	1,000
管理費	—	—	200	200
経常費用計	900	100	200	1,200
経常増減	△500	500	△200	△200
収益事業等からの利益の繰入	240	△240	—	0
正味財産増減	△260	260	△200	△200

※収益事業等の利益の繰入計算上の収益事業等の利益算定上の管理費は、事業費比率で按分し、200（管理費）÷1,000（事業費）×100（収益事業費）＝20（収益事業等に係る管理費）と計算しています。
※収益事業等からの利益の繰入は、50％としています。
　500（管理費控除前の収益事業等の利益）－20（収益事業等に係る管理費）＝480（収益事業等の利益）
　収益事業等からの利益の繰入　480×50％＝240

　収支相償の観点からは、赤字を無理に大きくする必要はありません。上記の例の場合は、仮に公益目的事業費を200削減したとしても収支相償は満たします。

【仮に公益目的事業費を200削減した場合】

	公益目的事業会計	収益事業等会計	法人会計	合　計
事業収益	400	600	—	1,000
経常収益計	400	600	0	1,000
事業費	700	100	—	800
管理費	—	—	200	200
経常費用計	700	100	200	1,000
経常増減	△300	500	△200	0
収益事業等からの利益の繰入	238	△238	—	0
正味財産増減	△62	262	△200	0

※収益事業等の利益の繰入計算上の収益事業等の利益算定上の管理費は、事業費比率で按分し、200（管理費）÷800（事業費）×100（収益事業費）＝25（収益事業等に係る管理費）と計算しています。
※収益事業等からの利益の繰入は、50％としています。
500（管理費控除前の収益事業等の利益）－25（収益事業等に係る管理費）＝475（収益事業等の利益）
収益事業等からの利益の繰入　475×50％＝238

　公益目的支出計画の観点からは一定金額以上の赤字が必要のため、積極的に支出を行う必要がありますが、公益法人の収支相償の観点からは黒字にならなければ問題ありません。

　このようなケースの場合、公益法人となった方が法人全体の収支を改善することが可能です。

2　公益法人化の流れ

（1）事前の検討

　まず、一般法人の公益法人化を目指すにあたっては、法人にとって公益法人化するメリットがあるか否か、認定法における運営上の規制・制約に問題がないか検討します。特に、財務3基準等の認定基準を長期安定的に満たすことができるか否かが重要となります。詳しくは、前項の「第4章6 **1**公益法人化すべきか否か」をご参照ください。

（2）公益認定申請

　公益認定申請にあたっては、少なくとも理事会の承認を得て行う必要があります。公益認定申請には、申請年度以降の事業計画・予算を添付する必要があるため、申請書類と合わせて公益法人化後の事業計画・予算の承認も行います。

　また、公益認定申請にあたって、定款の見直しや会員規程の見直し、役員報酬規程の見直しが必要な場合や、事業計画・予算の承認権限を社員総

会（評議員会）にしている場合には、理事会の承認だけでなく、必要に応じて社員総会（評議員会）の承認も必要になります。

（3）公益認定処分と分かち決算

　一般法人は、公益認定処分を受けると公益法人になります。一般法人と公益法人は同じ法人格であるため、NPO法人の公益法人化のような事業譲渡・譲受や解散・清算を行う必要はありません。

　公益法人となる場合、できれば事業年度途中ではなく、事業年度開始日になるのが望ましいといえます。なぜなら、事業年度途中で一般法人が公益法人となった場合、公益認定を受けた日の前日までの期間と、公益認定を受けた日以後の期間を分けて、それぞれ計算書類を作成する必要が出てくるためです（認定法施行規則38②）。分かち決算となる場合、税務申告も分かち決算ごとに行う必要がでてきます。そのため、分かち決算の手間を省く観点からは、できる限り事業年度開始日が公益認定を受けた日となるのが望ましいといえます。

　公益認定処分は行政庁が行うものであり、法人側でコントロールすることはできませんが、できる限り事業年度開始日が公益認定を受けた日になるように要望を出しておくのも1つです。

　公益認定の審査期間は、通常、4ヵ月といわれていますが、内容によってはそれよりも長期間となるため、要望通りに公益認定処分を受けられるかどうかはわかりません。

　そのため、公益認定処分を受ける日から逆算し、ある程度余裕をもって公益認定申請を行うのが望ましいといえます。

（4）公益目的支出計画の完了

　公益目的支出計画を実施している一般法人の場合、公益法人への移行をもって公益目的支出計画が完了します（整備法132①）。

7 公益法人の一般法人化

1 一般法人化すべきか否か

　公益法人は社会的信頼性も高く、税制上の優遇措置も多く認められている法人です。その一方で、公益法人は、財務3基準の充足や定期提出書類の作成、変更手続の遵守など、厳しい制約を受けながら法人運営する必要があります。

　いったん、公益法人になったものの、法人にとって税制上の優遇措置があまり関係ないケースや、財務3基準を毎事業年度満たすのが大変なケース、頻繁に事業内容が変わるため、変更手続の負担が大きいケースなど、公益法人としての運営に負担を感じている法人も少なくありません。

　公益法人は、認定法に抵触して行政庁から公益認定を取り消されるほか、法人自ら公益認定の取消しを申請することも可能です（認定法29①四）。

　そのため、例は多くはありませんが、公益法人が自ら一般法人化するケースもゼロではありません。

(1) 一般法人化するメリット

　一般法人化するメリットとしては、自由な法人運営が挙げられます。財務3基準を気にせずに法人運営をすることができ、新規事業の開始や事業の変更、事業の廃止も、いつでも自由に行うことが可能となります。また、行政庁に対する定期提出書類の提出や立入検査の対応も不要となります。

【一般法人化するメリット】

項　目	内　容
事業運営	財務3基準を気にせずに事業を行うことが可能です。財務3基準を満たすために、無理に支出を行ったり、資金の積立を行ったりする必要がなくなります。また、収益事業や共益事業を積極的に行うことも可能となります。 さらに、新規事業の開始や事業の変更、事業の廃止を自由に行うことが可能となり、柔軟な事業展開を行うことが可能となります。
行政対応	行政庁に対する定期提出書類や立入検査の対応が不要となり、事務負担が軽減されます。
役員選任	他の団体との兼職状況を気にせずに役員を選任することが可能となります。

（2）一般法人化するデメリット

　一般法人化するデメリットとしては、社会的信用性に対する影響が挙げられます。公益法人は社会的信用性が高い法人ですが、公益認定取消しにより一般法人になることで、法人に対するイメージが変わる可能性があります。

　また、一般法人化するデメリットとして、公益目的取得財産残額を国等に贈与することが挙げられます。公益目的取得財産残額が大きい法人の場合、公益目的取得財産残額の贈与による財産の流出は、法人の存続にも影響を及ぼしかねません。さらに、寄附金優遇税制や利子等に係る源泉所得税の非課税措置、相続税の非課税措置、みなし寄附金等、公益法人の税制優遇を受けられなくなる点が挙げられます。

　一般法人化にあたっては、公益認定取消しによるデメリットをどこまで許容することができるのかが重要なポイントになるといえます。

【一般法人化するデメリット】

項　目	内　容
社会的信用性	社会的信用性の高い公益法人から、一般法人となることによって法人のイメージに影響を与える可能性があります。助成金や補助金を受けている法人において、公益法人であるからこそ交付が受けられているようなケースにおいては、公益法人であるか否かが重要といえます。 他方、どの法人格で運営しているのかという点が、法人の事業運営上、あまり重要でない法人にとっては影響が小さいものと思われます。
公益目的取得財産残額の贈与	公益目的取得財産残額の贈与により、法人の財産が流出することになります。公益目的取得財産残額が大きい法人の場合、公益目的取得財産残額の贈与は、法人の存続にも影響を及ぼしかねないといえます。 なお、公益目的取得財産残額とは、公益のための財産の残額であり、法人全体の財産とはイコールではありません。 公益の財産に比して、毎事業年度の公益目的事業の赤字額が大きい法人の場合、法人全体の財産がプラスであったとしても、公益目的取得財産残額がほとんどない又はマイナスになっているケースもあります。そのようなケースにおいては、公益認定を取消したとしても、影響は大きくありません。
税制上の優遇措置	寄附金優遇税制や利子等に係る源泉所得税の非課税措置、相続税の非課税措置、みなし寄附金等の公益法人の税制優遇の恩恵が大きい公益法人の場合は、公益法人であるか否かが重要といえます。 他方、寄附金収入がほとんどない法人や、財産の運用益がほとんどない法人、法人税法上の収益事業を行っていない法人など、公益法人の税制優遇を使っていない法人の場合は、影響は大きくありません。

2　一般法人化の流れ

（1）事前の検討

　公益法人の一般法人化は、法人の事業運営や法人の財産、税務上の取扱いに影響を与えるため、非常に重要な組織変更といえます。そのため、一般法人化するメリットとデメリットを事前によく検討した上で、最終的な判断を行う必要があります。

　事前の検討においては、社員（公益財団法人の場合は評議員）に対して一般法人化の是非に関するアンケート調査を行うなど、利害関係者の意思を

確認しておくことも重要と考えます。

　また、公益法人は行政庁の監督下にある法人であるため、事前に行政庁とも相談しながら進めていくことが望ましいと考えます。

(2) 法人内における承認、定款の変更

　公益認定取消しは法人にとって重要な意思決定事項であるため、行政庁への申請前に理事会・社員総会（又は評議員会）の承認を得ておきます。

　なお、一般法人化する際には、通常、定款の変更も行います。なぜなら、公益法人の定款は、公益法人特有の規定を置いているからです。また、一般法人化後に非営利型法人を選択する場合は、非営利型法人の要件に合致するような定款の記載になっているか確認しておく必要があります。

【一般法人化における定款変更】

項　目	内　容
公益法人特有の規定の変更	公益目的取得財産残額の算定や公益目的取得財産残額の贈与、公益法人特有の閲覧対象書類等、公益法人特有の規定について削除します。 公益法人でない場合、事業計画・予算に関する規定や、財産目録の作成も必須ではないため、必要に応じて適宜削除します。
非営利型法人の要件	非営利性が徹底された法人の場合、剰余金分配制限と残余財産の帰属規定を定款上明記する必要があります。残余財産の帰属規定については、公益法人の定款でも明記していますが、剰余金分配制限については、公益法人の定款で明記しているとは限りません。そのため、非営利性が徹底された一般法人となるためには、剰余金分配制限も明記しておく必要があります。

　なお、法人の名称に関しては、公益認定の取消し処分によって、一般社団法人又は一般財団法人に名称変更したものとみなされるため、改めて定款変更決議をする必要はありません（認定法29⑤）。

(3) 行政庁に対する公益認定取消し申請

　行政庁に対して公益認定の取消し申請を行うと、公益認定取消処分により公益認定が取り消され（認定法29①四）、一般法人となります（認定法29⑤）。

公益認定が取り消された場合、1ヵ月以内に公益目的取得財産残額を国等に贈与する必要があります（認定法30）。また、公益認定取消日をもって分かち決算を行い（認定法施行規則50の2①）、認定取消日後3ヵ月以内に行政庁に対して、当該分かち決算の計算書類等と公益目的取得財産残額の変更報告書を提出する必要があります（認定法施行規則50①、50の2②）。

3 公益認定取消しの税務上の取扱い

公益認定が取り消された場合、公益認定取消日をもって分かち決算を行います（認定法施行規則50の2①）。そのため、法人税申告や消費税申告を行っている法人の場合、税務申告も分かち決算に基づいて行うことになります（法法13①、法基通1-2-3（2）、法法14①二十、法基通1-2-6（1）イ、消法2①十三）。

なお、公益認定取消し時における法人税法上の取扱いは、公益認定取消し後の一般法人が、非営利型法人に該当するのか否かによって異なります。

（1）公益認定取消し後の一般法人が非営利型法人に該当する場合

公益認定取消し後の一般法人が非営利型法人に該当する場合、法人税法上は公益法人等に該当し、認定法上の公益法人と同じく収益事業課税の法人となります。そのため、公益認定取消日をもって分かち決算は行うものの、同じ収益事業課税であるため、特に調整計算はありません。

公益認定取消し後1ヵ月以内に行う公益目的取得財産残額の贈与に関しては、収益事業とは関係ない支出であると考えられるため、法人税の課税所得計算に影響を与えることはありません。

（2）公益認定取消し後の一般法人が非営利型法人以外の法人に該当する場合

　公益認定取消し後の一般法人が非営利型法人以外の法人に該当する場合、法人税法上は普通法人に該当し、全所得課税の法人となります。収益事業課税の法人が全所得課税の法人になる場合、過去に遡って累積で課税されることになります（累積所得課税）。

　すなわち、過去の収益事業以外の事業から生じた所得金額の累計額又は欠損金額の累計額を益金の額又は損金の額に算入することになります（法法64の４）。なお、累積所得課税の計算上は、公益目的取得財産残額の金額を控除することができます（法法64の４③、法令131の５①一）。

　非営利型法人以外の一般法人は全所得課税の法人であるため、通常であればすべての費用が損金になりますが、公益認定取消し後１ヵ月以内に行う公益目的取得財産残額の贈与に関しては、累積所得課税の計算上、すでに公益目的取得財産残額を控除しているため、損金不算入となります（法令131の５④）。

■参考文献等

- ・公益法人 Information「定期提出書類の手引き・公益法人編」
- ・公益法人 Information「定期提出書類の手引き・移行法人編」
- ・公益法人 Information「変更認定申請・変更届出の手引き」
- ・公益法人 Information「変更認可申請・変更届出の手引き」
- ・公益法人 Information「税額控除に係る証明〜申請の手引き〜」
- ・内閣府「特定非営利活動促進法に係る諸手続の手引き」
- ・国税庁「新たな公益法人関係税制の手引き」
- ・国税庁「国、地方公共団体や公共・公益法人等と消費税」

■著者紹介──────────────────────

岡部 正義（おかべ・まさよし）

公認会計士・税理士・行政書士

中央大学商学部会計学科卒業。平成11年 朝日監査法人（現有限責任あずさ監査法人）入所。その後、平成16年 税理士法人トーマツ（現デロイトトーマツ税理士法人）を経て、平成17年に岡部公認会計士事務所開設。

現在、公益法人・一般法人に対する会計指導・税務顧問・申請手続等を中心にサービスを展開中。日本公認会計士協会東京会公益法人委員会（現非営利法人委員会）の委員歴任。

【著書】

・「公益法人・一般法人における区分経理の会計・税務」(清文社)

・「よくある疑問・誤解を解決！Ｑ＆Ａ公益法人・一般法人の会計と税務」(清文社)

・「ケース別論点解説 公益法人・一般法人の運営・会計・税務 実践ガイド」(清文社)

非営利団体における組織変更の手続と税務

2021 年 4 月 30 日　発行

著　者　　岡部 正義 ©

発行者　　小泉 定裕

発行所　　株式会社 清文社　　東京都千代田区内神田 1 - 6 - 6　（MIF ビル）
〒 101-0047　電話 03（6273）7946　FAX 03（3518）0299
大阪市北区天神橋 2 丁目北 2 - 6　（大和南森町ビル）
〒 530-0041　電話 06（6135）4050　FAX 06（6135）4059
URL https://www.skattsei.co.jp/

印刷：亜細亜印刷㈱

ISBN978-4-433-74661-2